Collection dirigée par
Johan Faerber

Molière

Le Malade imaginaire (1673)

**Texte intégral
suivi d'un dossier Nouveau BAC**

Édition annotée et commentée par
Nora Nadifi
Agrégée de lettres classiques

Hubert Curial
Professeur des Universités

avec le parcours « **Spectacle et comédie** »

sommaire

L'AVANT-TEXTE

POUR SITUER L'ŒUVRE DANS SON CONTEXTE

- 6   Qui est l'auteur ?
- 8   Quel est le contexte historique ?
- 10   Quel est le contexte littéraire et artistique ?
- 12   Pourquoi vous allez aimer cette pièce

LE TEXTE

Le Malade imaginaire

- 16   Prologues
- 31   Acte I
- 63   Premier intermède
- 79   Acte II
- 112   Second intermède
- 116   Acte III
- 152   Troisième intermède

Des clés pour la lecture linéaire

- 36   L'exposition : Argan ou l'obsession de la maladie (I, 1)
- 52   Un projet de mariage controversé (I, 5)
- 90   La tirade de M. Diafoirus (II, 5)
- 126   Argan face au sceptique Béralde (III, 3)
- 142   Quand Toinette se fait médecin (III, 10)

Bilan de lecture

- 164   12 questions pour faire le point

© Hatier Paris 2020 - ISBN 978-2-401-06357-0

LE PARCOURS LITTÉRAIRE

Pour mettre l'œuvre en perspective

Spectacle et comédie

I. Le personnage qui se donne en spectacle

1. Le soldat fanfaron
167   Plaute, *Le Soldat fanfaron* (191 av. J.-C.)

2. La femme qui se croit aimée de tous les hommes
170   Desmarets de Saint-Sorlin, *Les Visionnaires* (1637)

3. Le déguisé qui joue la comédie
173   Marivaux, *Le Jeu de l'amour et du hasard* (1730)

II. Le théâtre, un spectacle dans la comédie

1. Le méta-théâtre, ou tout ce qui précède ou entoure la pièce
175   Molière, *L'Impromptu de Versailles* (1663)

2. Le théâtre dans le théâtre
179   Corneille, *L'Illusion comique* (1635)

3. Un anti-théâtre, ou comment briser l'illusion théâtrale
182   Shakespeare, *Le Songe d'une nuit d'été* (1596)

III. Des arts du spectacle dans la comédie

1. La comédie-ballet, ancêtre de la comédie musicale
184   Molière, *L'Amour médecin* (1665)

2. La comédie influencée par l'opéra-comique
187   Beaumarchais, *Le Mariage de Figaro* (1784)

3. La tentation du cirque et des arts de la piste
189   Ionesco, *Le Piéton de l'air* (1963)

LE DOSSIER

POUR APPROFONDIR SA LECTURE ET S'ENTRAINER POUR LE BAC

Fiches de lecture

194 **FICHE 1** • La structure de la pièce
> Présentation générale

201 **FICHE 2** • **Argan et sa famille**
> Argan, omniprésent, tyrannique et « malade »
> Béline, l'épouse hypocrite
> Béralde, le frère raisonnable
> Angélique, la jeune fille amoureuse
> Cléante, l'amoureux presque trop idéal
> Toinette, la servante délurée

209 **FICHE 3** • **Un thème clé : les médecins et la médecine**
> Des praticiens ridicules
> Pour ou contre la médecine ?

214 **FICHE 4** • **Les ressorts comiques de la pièce**
> Le comique visuel
> Les jeux du langage
> La prédominance du ridicule

219 **FICHE 5** • **Spectacle et comédie**
> Une mise en abyme du spectacle
> Des comédies dans la comédie
> Des personnages qui donnent la comédie

224 **FICHE 6** • *Le Malade imaginaire* en 15 citations

Prolongements artistiques et culturels

Faste et spectacle au siècle de Louis XIV

228 **IMAGE 1** • Anonyme, Louis XIV en Apollon pour *Le Ballet royal de la Nuit* (vers 1653)

228 **IMAGE 2** • Anonyme, *Farceurs français et italiens* (1670)

229 **IMAGE 3** • Fauteuil utilisé par Molière lors de sa dernière représentation salle Richelieu, en février 1673

230 **IMAGE 4** • Francesca Lattuada, mise en scène du *Ballet royal de la Nuit* (2020)

230 **IMAGE 5** • Jules Chéret, affiche de l'opéra-bouffe *Les Brigands* (1878)

Sujets de BAC

L'épreuve écrite

232 SUJET DE DISSERTATION 1 • La représentation théâtrale

234 SUJET DE DISSERTATION 2 • Le devoir de la comédie

236 SUJET DE COMMENTAIRE • Marivaux, *Le Jeu de l'amour et du hasard* (II, 9)

L'épreuve orale

238 SUJET D'ORAL 1 • Molière, *Le Malade imaginaire* (I, 2)

239 SUJET D'ORAL 2 • Corneille, *L'Illusion comique* (V, 6)

240 DES IDÉES DE LECTURES CURSIVES

Méthodes du BAC

242 Réussir la dissertation

244 Réussir le commentaire

246 Réussir l'épreuve orale

Outils

248 Lexique du théâtre

251 Table des illustrations

Qui est l'auteur ?

MOLIÈRE (1622-1673)

Jean-Baptiste Poquelin de son vrai nom, Molière assume toutes les fonctions propres au théâtre : il est directeur de troupe, dramaturge, acteur et metteur en scène.

● Des comédies d'inspiration très variée
- Ses comédies sont d'une grande diversité. Certaines d'entre elles relèvent de la tradition de la **farce** (*Le Médecin malgré lui*, 1666) ; d'autres, de la tradition italienne et de la *commedia dell'arte* (*Les Fourberies de Scapin*, 1671). D'autres encore, tout en conservant certains traits de la farce, sont des **satires sociales** comme *Les Précieuses ridicules* (1659).
- Avec ses comédies en vers et en actes, Molière élève la comédie à une dignité comparable à celle de la tragédie (*Le Misanthrope*, 1666 ; *Les Femmes savantes*, 1672).

● Des luttes incessantes
- Désireux de peindre les mœurs de son époque, Molière ne cesse de se heurter au conservatisme et aux pouvoirs établis, politiques et religieux. *L'École des femmes* (1662), qui plaide pour l'éducation des filles et leur droit à choisir leur mari, scandalise.
- Satire de l'hypocrisie religieuse, *Tartuffe* (1664-1669) est interdit dès sa création. Molière devra batailler cinq ans et remanier deux fois son texte pour obtenir l'autorisation de jouer sa pièce. Quant à *Dom Juan* (1665), qui évoque le libertinage de la jeune cour de Louis XIV, il est lui aussi interdit. Molière ne le rejouera jamais.

● Le créateur de la comédie-ballet
- Fournisseur attitré du roi et de sa cour, Molière est également l'auteur d'un **théâtre mondain** (*Les Fâcheux*, 1661 ; ou *Amphitryon*, 1668).
- À la recherche d'un spectacle total, il invente le genre de la **comédie-ballet**, dans lequel interviennent danseurs, chanteurs et musiciens : *Le Bourgeois gentilhomme* (1670) et *Le Malade imaginaire* (1673) en sont les illustrations les plus éclatantes.

1673 — *Le Malade imaginaire*
ou le chef-d'œuvre comique de Molière

Un succès immédiat

Créée le 10 février 1673 à Paris, sur la scène du Palais-Royal, le théâtre de Molière, la pièce connaît d'emblée un immense succès. En attestent les recettes, considérables pour l'époque : 1992 livres pour la première représentation, 1459 pour la deuxième, 1879 pour la troisième. Son **rythme endiablé** explique cet accueil. Conçu comme une comédie-ballet, *Le Malade imaginaire* est un spectacle total : musique, danse, chants, décors magnifiques. Sa représentation est **somptueuse**.

Page de titre du *Malade imaginaire*, 1673

Un comique permanent

Argan, le personnage principal, appartient à la galerie des fous et des extravagants si fréquents dans la comédie. Mais c'est un **fou exceptionnel** en son genre. Argan est un malade qui n'est pas physiquement malade mais qui croit sincèrement l'être, et qui exige d'être soigné. Ses médecins sont incompétents et ridicules à souhait. Sa seconde épouse, hypocrite et intéressée, attend vainement sa mort pour capter l'héritage à son profit. Ruses, déguisements, mascarades se succèdent. Les **formules** pétillent et succèdent aux **bons mots**. Molière est au sommet de son art.

Le testament de Molière

Le 17 février 1673, lors de la quatrième représentation, durant le troisième et dernier intermède, Molière, qui interprète le malade imaginaire, vomit du sang. Le spectacle est interrompu. Molière est transporté chez lui, où il **meurt** dans la nuit. Son décès donne une dimension tragique à la pièce, qu'elle ne possède pourtant pas intrinsèquement. La pièce se transforme en testament de l'homme de théâtre qu'était avant tout son auteur. Et c'est un testament comique, où tout est jeu, fiction et imagination. *Le Malade imaginaire* est aujourd'hui la pièce de Molière **la plus jouée** en France et dans le monde.

Quel est le contexte historique ?

Sur le plan politique

► Le règne de Louis XIII, la Régence et la Fronde

- Principal ministre de Louis XIII et ardent défenseur d'un État monarchique fort, **Richelieu** (1585-1642) réduit à l'obéissance les grands aristocrates, toujours prompts à comploter contre le roi et à défendre leurs privilèges.
- La mort à moins d'un an d'intervalle de Richelieu (décembre 1642) et de Louis XIII (mai 1643) ouvre une période d'instabilité politique. Veuve de Louis XIII, la reine Anne d'Autriche devient la **régente du royaume**. Elle s'appuie pour gouverner sur le **cardinal Mazarin**.

> **Jules Mazarin (1602-1661)**
>
> Habile et cupide mais doté d'une intelligence supérieure et d'un sens aigu de la grandeur de l'État, il défend la monarchie en tant que principal ministre de la reine régente et protège le jeune Louis XIV.

- Complots, contestations et révoltes n'en éclatent pas moins. De 1648 à 1653, la **Fronde**, une guerre civile, oppose les parlementaires puis les princes et nobles au pouvoir central. Mazarin meurt en 1661. Débute le règne personnel de Louis XIV.

► Le règne longtemps éclatant de Louis XIV

- Louis XIV règne et gouverne directement. S'il a des ministres (Colbert, Louvois), il n'a pas de Premier ministre. Il devient le **Roi-Soleil**. C'est le triomphe de la monarchie absolue.

Hyacinthe Rigaud, *Portrait de Louis XIV*, 1701

Les dates clés

1622	1642	1643	1648-1653	1659
Naissance de Jean-Baptiste Poquelin (Molière)	Mort de Richelieu	Mort de Louis XIII. Début de la Régence d'Anne d'Autriche Mazarin, principal ministre	Fronde	Paix des Pyrénées

8 • *Le Malade imaginaire*

- Les premières années de son règne, celles que connaît Molière, sont éclatantes. Tout autant préoccupé de sa propre **gloire** que du **prestige** de la France en Europe, Louis XIV mène une **politique de conquêtes** : guerre de Dévolution (1667-1668) aboutissant au rattachement de la Flandre à la France ; guerre de Hollande (1672-1678) s'achevant par le rattachement de la Franche-Comté.
- Ce n'est qu'après 1680, mais à cette date Molière est déjà mort, que son règne s'assombrira.

Sur le plan économique et social

● Le développement d'une industrie et du commerce maritime
- Si l'économie du royaume reste majoritairement une économie agricole, un secteur industriel se développe avec la **création de manufactures**, que favorisent des facilités fiscales.
- Le **commerce maritime** connaît un essor sans précédent : tant vers les Indes que vers la Méditerranée orientale et la Baltique. Le tonnage de la flotte marchande double ainsi en vingt ans.
- Parallèlement, de **grands axes de circulation** sont créés ou améliorés : axes fluviaux, avec le canal d'Orléans et celui des Deux-Mers ; axes terrestres, avec des routes menant à tous les grands ports et, pour des raisons militaires, dans le nord et l'est du pays.

● Une société hiérarchisée et inégalitaire
La France, qui compte alors vingt millions d'habitants, reste une société très hiérarchisée. Elle compte trois ordres : le **clergé**, la **noblesse** et le reste de la population rangé dans la catégorie du **tiers état**, sur qui pèse l'essentiel de l'activité et des impôts.

1660	1661	1666	1667-1668	1673
Mariage de Louis XIV et de l'infante d'Espagne Marie-Thérèse	Mort de Mazarin. Début du règne personnel de Louis XIV	Mort de la reine-mère Anne d'Autriche	Guerre de Dévolution	MORT DE MOLIÈRE

Quel est le contexte littéraire et artistique ?

Du baroque au classicisme (1630-1660)

Une période de transition
- Avant d'être une esthétique, le baroque est une **vision du monde** selon laquelle tout change. Ne croyant pas en l'existence de vérités éternelles, il rejette tout absolu. Le baroque est une aspiration à la liberté. Dans l'impossibilité d'atteindre à une quelconque stabilité, seuls comptent les **apparences**, les **déguisements**, les **fastes de la décoration**, tout ce qui évoque la fluidité (les nuages, l'eau).
- C'est le triomphe d'une littérature marquée par la **démesure** et la **diversité** avec des romanciers comme Honoré d'Urfé et son roman-fleuve *L'Astrée* (1607-1625) ou comme Charles Sorel et son *Histoire comique de Francion* (1623-1633) ; avec des dramaturges comme Corneille (*L'Illusion comique*, 1639) ou Molière avec son *Dom Juan* (1665) et surtout Jean Rotrou (*Le Véritable Saint Genest*, 1646).
- Ce courant baroque décline après 1630, même s'il ne disparaît pas totalement. Comme en réaction, se manifeste un **besoin d'ordre**, de stabilité et de rigueur. Le classicisme est en germe.

L'épanouissement du classicisme (1660-1685)

Un contexte exceptionnellement favorable
Louis XIV pratique un **mécénat très actif**. Artistes, écrivains et scientifiques sont subventionnés ou protégés. La haute bourgeoisie parisienne se montre intellectuellement curieuse. Enfin domine un même idéal mondain, celui de l'« **honnêteté** ». Est « honnête homme ou femme » qui sait plaire en société.

Les dates clés

1622	1637	1641	1662
Naissance de Molière	*Le Cid* de Corneille	*Cinna* de Corneille	Mort de Pascal, auteur des *Pensées*

10 • *Le Malade imaginaire*

On fuit la démesure, les excès, l'étalage de soi. S'imposant à partir de 1660, le classicisme **domine les arts** jusque vers 1685.

> **Le mécénat royal**
>
> Sous Louis XIV sont créées: l'Académie des inscriptions et belles-lettres (1663), l'Académie des sciences (1666); l'Académie royale de musique (1672). Fondée en 1635, l'Académie française voit son prestige renforcé.

Une floraison d'œuvres et de talents

- Le **théâtre** connaît son **âge d'or** durant deux décennies avec les tragédies de Corneille et de Racine. Si ceux-ci sont les plus grands, ils ne sont pas les seuls. Jeune frère de Corneille, Thomas Corneille remporte de beaux succès (*Ariane*, 1672). La comédie conquiert ses lettres de noblesse. Des *Précieuses ridicules* (1659) au *Malade imaginaire* (1673), toute l'œuvre de Molière s'inscrit dans cette période classique.
- Le **roman** se renouvelle. Le goût de la mesure, de la sobriété et du naturel détourne les lecteurs des romans héroïques souvent invraisemblables. Avec *La Princesse de Clèves* (1678), madame de La Fayette écrit l'un des plus grands romans de toute la littérature. **La Fontaine**, avec ses *Fables* (1668-1694), réhabilite le **genre de la fable** qui, avec lui, est moins que jamais un genre enfantin.
- Avec l'**opéra** naît un genre nouveau, fruit de la collaboration de Philippe Quinault pour le livret et du compositeur Lully, quand ils donnent en 1673 *Cadmus et Hermione*. En **musique** domine, à côté de Lully, Marc-Antoine Charpentier. En **peinture**, les principaux maîtres sont Nicolas Poussin, Claude Lorrain et Charles Le Brun.
- Le château de Versailles, agrandi, aménagé, devient l'exemple de l'**architecture classique**. Le corps des bâtiments est l'œuvre de Louis Le Vau puis de Jules Hardouin-Mansart pour la galerie des Glaces. Les décorations sont de François d'Orbay et les jardins, d'André Le Nôtre. Le 6 mai 1682, Louis XIV s'y installe définitivement avec sa cour.

1666-1668	1667	1668	1670	1673
Satires de Boileau	*Andromaque* de Racine	*Fables* (livres I-VI) de La Fontaine	*Bérénice* de Racine	Mort de Molière

Pourquoi vous allez AIMER CETTE PIÈCE

● *Parce que c'est une histoire riche en* **REBONDISSEMENTS** *et en* **EFFETS COMIQUES**

Malade imaginaire, Argan suscite un rire permanent. Pour le soigner ou pour le duper, son entourage multiplie ruses et stratagèmes. Voici un faux maître de musique, un faux docteur, plus vrai que les vrais, et des morts qui ressuscitent! Ne connaissant aucune pause, l'action est endiablée à souhait. L'émotion n'en est pourtant pas absente, notamment quand une jeune fille défend contre son père sa liberté et son droit au bonheur.

● *Parce que même s'il prête à rire,* **ARGAN est UN CAS**

Cas médical d'abord : ce malade exige d'être guéri de maux dont il ne souffre pas. Cas psychologique ensuite : l'homme est un hypocondriaque que rien ni personne ne peut rassurer, sauf d'incessants lavements. Et il est une énigme : pourquoi veut-il à toute force être malade ? Par peur de la mort ou pour mieux tyranniser son entourage et lui imposer ses volontés ? Aussi est-il une extraordinaire création théâtrale : Argan est un spectacle à lui tout seul.

● *Parce que cette comédie est un* **SPECTACLE TOTAL**

Le Malade imaginaire est une comédie-ballet et c'est la plus fastueuse de toutes celles que Molière a composées. Ce genre dont il est le créateur se veut un spectacle total, réunissant diverses disciplines artistiques dont le chant, la danse et la musique. Avec la comédie-ballet, le théâtre devient un plaisir de l'esprit, des yeux et des oreilles. Elle est le lointain ancêtre de nos comédies musicales, qui font elles aussi alterner les parties parlées et les parties dansées et chantées.

12 • Le Malade imaginaire

TEXTE

Le Malade imaginaire
(1673)

Note de l'éditeur : l'usage de l'italique dans les répliques des prologues et des intermèdes indique que celles-ci sont chantées et/ou accompagnées de musique et de danses.

Le Malade imaginaire

Comédie
mêlée de musique et de danses

*Représentée pour la première fois,
sur le Théâtre de la salle du Palais-Royal
le 10 février 1673
par la Troupe du Roi.*

Le Prologue[1]

Illustration de Maurice Leloir, 1896, Émile Testard éditeur.

Après les glorieuses fatigues et les exploits victorieux de notre auguste monarque[2], il est bien juste que tous ceux qui se mêlent d'écrire travaillent ou à ses louanges, ou à son divertissement. C'est ce qu'ici l'on a voulu faire, et ce prologue est un essai des louanges de ce grand prince, qui donne entrée à la comédie du *Malade imaginaire*, dont le projet a été fait pour le délasser[3] de ses nobles travaux.

La décoration représente un lieu champêtre fort agréable.

---

1. Ce Prologue est le prologue original joué lors de la création de la pièce le 10 février 1673 puis après la mort de Molière, le 21 mars 1673. Il est aussi somptueux que coûteux pour un théâtre à représenter.
2. Référence à la campagne victorieuse de Louis XIV en Hollande (1672). L'adjectif « auguste » qualifie souvent un souverain, et signifie « imposant, majestueux ».
3. Délasser : ôter la lassitude, la fatigue.

Prologue

Églogue[1]
en musique et en danse

FLORE, PAN[2], CLIMÈNE, DAPHNÉ, TIRCIS, DORILAS[3],
DEUX ZÉPHIRS[4], TROUPE DE BERGÈRES ET DE BERGERS

FLORE

Quittez, quittez vos troupeaux,
Venez, Bergers, venez, Bergères,
Accourez, accourez sous ces tendres ormeaux[5] :
Je viens vous annoncer des nouvelles bien chères[6],
Et réjouir tous ces hameaux.
Quittez, quittez vos troupeaux,
Venez, Bergers, venez, Bergères,
Accourez, accourez sous ces tendres ormeaux.

CLIMÈNE ET DAPHNÉ
Berger, laissons là tes feux[7],
Voilà Flore qui nous appelle.

TIRCIS ET DORILAS
Mais au moins dis-moi, cruelle,

---

1. Une « églogue » est un poème pastoral d'origine antique qui met en scène les conversations de bergers.

2. Flore : déesse latine de la nature en fleur et du printemps. **Pan** : dieu grec de la nature, mi-homme, mi-bouc, protecteur des bergers et des troupeaux.

3. Climène, Daphné, Tircis, Dorilas : couples de bergères et de bergers qui portent des noms grecs.

4. Zéphirs : dieux des vents.

5. Ormeaux : jeunes ormes, arbres à feuilles dentelées.

6. Des nouvelles bien chères : des nouvelles de personnes aimées.

7. Laissons là tes feux : ne parlons plus de ton amour.

Tircis

Si d'un peu d'amitié[1] tu payeras mes vœux[2] ?

Dorilas

Si tu seras sensible à mon ardeur fidèle ?

Climène et Daphné

Voilà Flore qui nous appelle.

Tircis et Dorilas

Ce n'est qu'un mot, un mot, un seul mot que je veux.

Tircis

Languirai[3]-je toujours dans ma peine mortelle ?

Dorilas

Puis-je espérer qu'un jour tu me rendras heureux ?

Climène et Daphné

Voilà Flore qui nous appelle.

ENTRÉE DE BALLET

Toute la troupe des Bergers et des Bergères va se placer en cadence autour de Flore.

Climène

Quelle nouvelle parmi nous,
Déesse, doit jeter tant de réjouissance ?

---

1. Amitié: amour. Au XVIIe siècle, le terme peut aussi désigner la passion amoureuse.
2. Tu payeras mes vœux: tu répondras à mon espoir d'être aimé.
3. Languir: s'affaiblir, perdre sa force vitale ; ici, souffrir du mal d'amour.

Prologue

DAPHNÉ
Nous brûlons d'apprendre de vous
Cette nouvelle d'importance.

DORILAS
D'ardeur nous en soupirons tous.

TOUS
Nous en mourrons d'impatience.

FLORE
La voici : silence, silence !
Vos vœux sont exaucés, LOUIS[1] est de retour.
Il ramène en ces lieux les plaisirs et l'amour,
Et vous voyez finir vos mortelles alarmes[2].
Par ses vastes exploits son bras voit tout soumis :
   Il quitte les armes,
   Faute d'ennemis.

TOUS
Ah ! quelle douce nouvelle !
Qu'elle est grande ! qu'elle est belle !
Que de plaisirs ! que de ris[3] ! que de jeux !
  Que de succès heureux !
Et que le Ciel a bien rempli nos vœux[4] !
Ah ! quelle douce nouvelle !
Qu'elle est grande, qu'elle est belle !

---

1. LOUIS : Louis XIV, revenu victorieux de Hollande (voir note 2, p. 16).
2. Alarmes : inquiétudes.
3. Ris : rires.
4. Rempli nos vœux : exaucé nos prières.

ENTRÉE DE BALLET

Tous les Bergers et Bergères expriment par des danses les transports[1] de leur joie.

FLORE

De vos flûtes bocagères[2]
Réveillez les plus beaux sons :
LOUIS offre à vos chansons
La plus belle des matières[3].
    Après cent combats,
    Où cueille son bras,
    Une ample victoire,
    Formez entre vous
    Cent combats plus doux[4],
    Pour chanter sa gloire.

TOUS

Formons entre nous
Cent combats plus doux,
Pour chanter sa gloire.

FLORE

Mon jeune amant, dans ce bois
Des présents de mon empire[5]
Prépare un prix à la voix

---

1. Transports : manifestations.

2. Bocagères : champêtres.

3. La plus belle des matières : le plus beau sujet (que l'on puisse chanter).

4. Il s'agit cette fois de joutes oratoires. Le motif du concours de chant est caractéristique de l'églogue.

5. Présents de mon empire : richesses de la nature.

*Qui saura le mieux nous dire
Les vertus et les exploits
Du plus auguste des rois.*

CLIMÈNE
Si Tircis a l'avantage,

DAPHNÉ
Si Dorilas est vainqueur,

CLIMÈNE
À le chérir je m'engage.

DAPHNÉ
Je me donne à son ardeur.

TIRCIS
Ô trop chère espérance !

DORILAS
Ô mot plein de douceur !

TOUS DEUX
*Plus beau sujet, plus belle récompense
Peuvent-ils animer un cœur ?*

Les violons jouent un air pour animer les deux Bergers au combat, tandis que Flore, comme juge, va se placer au pied de l'arbre, avec deux Zéphirs, et que le reste, comme spectateurs, va occuper les deux coins du théâtre.

Tircis

Quand la neige fondue enfle un torrent fameux,
Contre l'effort soudain de ses flots écumeux
Il n'est rien d'assez solide ;
Digues, châteaux, villes, et bois,
Hommes et troupeaux à la fois,
Tout cède au courant qui le guide :
Tel, et plus fier, et plus rapide,
Marche LOUIS *dans ses exploits.*

BALLET

Les Bergers et Bergères de son côté dansent autour de lui, sur une ritournelle[1], pour exprimer leurs applaudissements.

Dorilas

Le foudre[2] menaçant, qui perce avec fureur
L'affreuse obscurité de la nue[3] enflammée,
Fait d'épouvante et d'horreur
Trembler le plus ferme cœur :
Mais à la tête d'une armée
LOUIS *jette plus de terreur.*

BALLET

Les Bergers et Bergères de son côté font de même que les autres.

---

1. Ritournelle : refrain musical.

2. Le foudre : le faisceau d'éclairs. Lorsqu'il est masculin, ce nom évoque l'attribut du dieu Jupiter.

3. La nue : les nuages.

Tircis

Des fabuleux[1] exploits que la Grèce a chantés,
Par un brillant amas de belles vérités
Nous voyons la gloire effacée,
Et tous ces fameux demi-dieux[2]
Que vante l'histoire passée
Ne sont point à notre pensée
Ce que LOUIS *est à nos yeux.*

BALLET

Les Bergers et Bergères de son côté font encore la même chose.

Dorilas

LOUIS *fait à nos temps, par ses faits inouïs,*
Croire tous les beaux faits que nous chante l'histoire
Des siècles évanouis :
Mais nos neveux[3], dans leur gloire,
N'auront rien qui fasse croire
Tous les beaux faits de LOUIS.

BALLET

Les [Bergers et] Bergères de son côté font encore de même, après quoi les deux partis se mêlent.

---

1. **Fabuleux** : légendaires.
2. **Demi-dieux** : fils d'une divinité et d'un(e) mortel(le) dans la mythologie.
3. **Nos neveux** : nos descendants.

PAN, *suivi de six Faunes*[1].
Laissez, laissez, Bergers, ce dessein téméraire[2].
Hé ! que voulez-vous faire ?
Chanter sur vos chalumeaux[3]
Ce qu'Apollon[4] *sur sa lyre,*
Avec ses chants les plus beaux,
N'entreprendrait pas de dire,
C'est donner trop d'essor au feu qui vous inspire,
C'est monter vers les cieux sur des ailes de cire,
Pour tomber dans le fond des eaux[5].
Pour chanter de LOUIS *l'intrépide courage,*
Il n'est point d'assez docte[6] *voix,*
Points de mots assez grands pour en tracer l'image :
Le silence est le langage
Qui doit louer ses exploits.
Consacrez d'autres soins[7] *à sa pleine victoire ;*
Vos louanges n'ont rien qui flatte ses désirs ;
Laissez, laissez là sa gloire,
Ne songez qu'à ses plaisirs.

---

1. Faunes : divinités de la nature, mi-hommes, mi-boucs, comme Pan.

2. Ce dessein téméraire : ce projet audacieux.

3. Chalumeaux : flûtes rustiques faites d'un roseau percé de trous.

4. Apollon : dieu grec de la musique et de la poésie.

5. Allusion à Icare, fils de Dédale, architecte légendaire. Voulant s'enfuir de Crète, ils fixèrent sur leurs dos des ailes avec de la cire. Mais Icare n'écouta pas son père : s'étant trop approché du soleil, qui fit fondre la cire, il tomba dans la mer et s'y noya. Ici, ce sont les Bergers qui ne peuvent évoquer Louis XIV, appelé le Roi-Soleil.

6. Docte : savante.

7. Soins : efforts.

Tous
Laissons, laissons là sa gloire,
Ne songeons qu'à ses plaisirs.

Flore
Bien que, pour étaler ses vertus immortelles,
La force manque à vos esprits,
Ne laissez pas tous deux de recevoir le prix[1] *:*
Dans les choses grandes et belles
Il suffit d'avoir entrepris.

ENTRÉE DE BALLET
Les deux Zéphirs dansent avec deux couronnes de fleurs à la main, qu'ils viennent donner ensuite aux deux Bergers.

Climène et Daphné, *en leur donnant la main.*
Dans les choses grandes et belles
Il suffit d'avoir entrepris.

Tircis et Dorilas
Ha ! que d'un doux succès notre audace est suivie !

Flore et Pan
Ce qu'on fait pour LOUIS, *on ne le perd jamais.*

Les quatre amants[2]
Au soin de ses plaisirs donnons-nous désormais.

---

1. Ne laissez pas tous deux de recevoir le prix : recevez tous deux la récompense.
2. Amants : amoureux.

Flore et Pan
Heureux, heureux qui peut lui consacrer sa vie!

Tous
Joignons tous dans ces bois
Nos flûtes et nos voix,
Ce jour nous y convie[1];
Et faisons aux échos redire mille fois:
« LOUIS est le plus grand des rois;
Heureux, heureux qui peut lui consacrer sa vie! »

DERNIÈRE ET GRANDE ENTRÉE DE BALLET

Faunes, Bergers et Bergères, tous se mêlent, et il se fait entre eux des jeux de danse, après quoi ils se vont séparer pour la Comédie.

---

1. Convie: invite.

Autre Prologue[1]

Le théâtre représente une forêt.

L'ouverture du théâtre se fait par un bruit agréable d'instruments. Ensuite une Bergère vient se plaindre tendrement de ce qu'elle ne trouve aucun remède pour soulager les peines qu'elle endure. Plusieurs Faunes et Ægipans[2], assemblés pour des fêtes et des jeux qui leur sont particuliers, rencontrent la Bergère. Ils écoutent ses plaintes et forment un spectacle très divertissant.

PLAINTE DE LA BERGÈRE
Votre plus haut savoir n'est que pure chimère[3],
Vains et peu sages médecins ;
Vous ne pouvez guérir par vos grands mots latins
La douleur qui me désespère :
Votre plus haut savoir n'est que pure chimère.

---

1. Cet « Autre Prologue » remplace le Prologue pour toutes les représentations postérieures au 30 avril 1673. Ce jour-là, une ordonnance royale interdit à tout théâtre d'avoir plus de deux chanteurs et six violons. Cette interdiction destinée à favoriser l'essor de la « tragédie en musique » (l'opéra) et à privilégier l'Académie royale de musique que dirige Jean-Baptiste Lully (1632-1687), rend caduc le premier Prologue ; d'où ce second Prologue, plus court et moins coûteux à jouer.
2. Ægipans : divinités champêtres, mi-hommes, mi-chèvres, associées à Pan.
3. Chimère : invention, illusion ; à l'origine, monstre mythologique hybride.

Hélas! je n'ose découvrir
Mon amoureux martyre[1]
Au berger pour qui je soupire,
Et qui seul peut me secourir.
Ne prétendez pas le fuir,
Ignorants médecins, vous ne sauriez le faire :
Votre plus haut savoir n'est que pure chimère.

Illustration de Maurice Leloir, 1896, Émile Testard éditeur.

---

1. Mon amoureux martyre : mes souffrances d'amour.

Autre Prologue

Ces remèdes peu sûrs dont le simple vulgaire[1]
Croit que vous connaissez l'admirable vertu,
Pour les maux que je sens n'ont rien de salutaire[2] *;*
Et tout votre caquet[3] *ne peut être reçu*
   Que d'un Malade imaginaire.
Votre plus haut savoir n'est que pure chimère,
   Vains et peu sages médecins ;
Vous ne pouvez guérir par vos grands mots latins
   La douleur qui me désespère ;
Votre plus haut savoir n'est que pure chimère.

Le théâtre change et représente une chambre.

---

1. Le simple vulgaire: le peuple naïf, crédule ; « vulgaire » vient du latin *vulgus* signifiant « le commun des hommes, la foule ».

2. N'ont rien de salutaire: ne peuvent sauver, guérir.

3. Caquet: bavardage vain (de caqueter, « action de glousser de la poule »).

Personnages

ARGAN, malade imaginaire.
BÉLINE, seconde femme d'Argan.
ANGÉLIQUE, fille d'Argan, et amante de Cléante.
LOUISON, petite-fille d'Argan, et sœur d'Angélique.
BÉRALDE, frère d'Argan.
CLÉANTE, amant d'Angélique.
MONSIEUR DIAFOIRUS, médecin.
THOMAS DIAFOIRUS, son fils, et amant d'Angélique.
MONSIEUR PURGON, médecin d'Argan.
MONSIEUR FLEURANT, apothicaire.
MONSIEUR BONNEFOY, notaire.
TOINETTE, servante.

La scène est à Paris.

Acte premier

Scène première

ARGAN

ARGAN, *seul dans sa chambre assis, une table devant lui, compte des parties d'apothicaire[1] avec des jetons, il fait, parlant à lui-même, les dialogues suivants.* – Trois et deux font cinq, et cinq font dix, et dix font vingt. Trois et deux font cinq. « Plus, du vingt-quatrième[2], un petit clystère[3] insinuatif, préparatif, et rémollient[4], pour amollir, humecter[5], et rafraîchir les entrailles de Monsieur. » Ce qui me plaît de Monsieur Fleurant, mon apothicaire, c'est que ses parties sont toujours fort civiles[6] : « les entrailles de Monsieur, trente sols ». Oui, mais, Monsieur Fleurant, ce n'est pas tout que d'être civil, il faut être aussi raisonnable, et ne pas écorcher les malades. Trente sols[7] un

---

1. Parties d'apothicaire : factures du pharmacien. Au XVIIe siècle, un apothicaire prépare et vend des remèdes.

2. Du vingt-quatrième : du 24 du mois. L'apothicaire établit une facture par mois. Ici, Argan fait le compte des remèdes qu'il a reçus jour par jour.

3. Clystère : lavement. Ce traitement consiste à introduire un liquide dans le corps pour laver les intestins.

4. Rémollient : adoucissant, émollient.

5. Humecter : humidifier.

6. Civiles : polies, courtoises.

7. Trente sols : quinze euros environ. Le sol est l'unité monétaire de l'Ancien Régime.

lavement : Je suis votre serviteur[1], je vous l'ai déjà dit. Vous ne me les avez mis dans les autres parties qu'à vingt sols, et vingt sols en langage d'apothicaire, c'est-à-dire dix sols ; les voilà, dix sols. « Plus, dudit[2] jour, un bon clystère détersif[3], composé avec catholicon[4] double, rhubarbe, miel rosat, et autres, suivant l'ordonnance, pour balayer, laver, et nettoyer le bas-ventre de Monsieur, trente sols. » Avec votre permission, dix sols. « Plus, dudit jour, le soir, un julep hépatique[5], soporatif[6], et somnifère, composé pour faire dormir Monsieur, trente-cinq sols. » Je ne me plains pas de celui-là, car il me fit bien dormir. Dix, quinze, seize et dix-sept sols, six deniers[7]. « Plus, du vingt-cinquième, une bonne médecine[8] purgative et corroborative[9], composée de casse[10] récente avec séné levantin, et autres, suivant l'ordonnance de Monsieur Purgon, pour expulser et évacuer la bile[11] de Monsieur, quatre livres[12]. » Ah ! Monsieur Fleurant, c'est se moquer ; il faut vivre avec les malades. Monsieur Purgon ne vous a pas ordonné de mettre

---

1. Je suis votre serviteur : formule de politesse. Elle est ici employée ironiquement pour signifier le refus d'Argan, qui juge le lavement trop cher.

2. Dudit : du même.

3. Détersif : qui nettoie.

4. Catholicon : remède jugé universel à base de séné, arbuste du Moyen-Orient, et de rhubarbe.

5. Julep hépatique : potion adoucissante à base d'eau et de sirop pour le foie.

6. Soporatif : qui endort. Ce terme est redondant, de façon comique, avec le développement « somnifère, composé pour faire dormir » qui le suit.

7. Six deniers : très petite somme (douze deniers font un sol).

8. Médecine : remède, médicament.

9. Corroborative : fortifiante.

10. Casse : végétal exotique aux vertus purgatives.

11. La bile : l'une des quatre humeurs du corps, produite par la vésicule biliaire.

12. Quatre livres : quatre-vingts sols (une livre équivaut à vingt sols).

quatre francs. Mettez, mettez trois livres, s'il vous plaît. Vingt et trente sols. « Plus, dudit jour, une potion anodine et astringente[1], pour faire reposer Monsieur, trente sols. » Bon, dix et quinze sols. « Plus, du vingt-sixième, un clystère carminatif[2], pour chasser les vents[3] de Monsieur, trente sols. » Dix sols, Monsieur Fleurant. « Plus, le clystère de Monsieur réitéré le soir, comme dessus, trente sols. » Monsieur Fleurant, dix sols. « Plus, du vingt-septième, une bonne médecine composée pour hâter d'aller[4], et chasser dehors les mauvaises humeurs[5] de Monsieur, trois livres. » Bon, vingt et trente sols : je suis bien aise que vous soyez raisonnable. « Plus, du vingt-huitième, une prise de petit-lait clarifié, et édulcoré[6], pour adoucir, lénifier[7], tempérer et rafraîchir le sang de Monsieur, vingt sols. » Bon, dix sols. « Plus, une potion cordiale[8] et préservative, composée avec douze grains de bézoard[9], sirops de limon[10] et grenade, et autres, suivant l'ordonnance, cinq livres. » Ah ! Monsieur Fleurant, tout doux, s'il vous plaît ; si vous en usez comme cela, on ne voudra plus être malade : contentez-vous de quatre francs. Vingt et quarante sols. Trois

---

1. Anodine et astringente : qui calme la douleur et la réduit.

2. Carminatif : qui dissipe les gaz.

3. Vents : gaz intestinaux.

4. Aller : aller à la selle.

5. La médecine du XVIIe siècle s'appuie encore sur la théorie antique des quatre humeurs – sang, bile jaune, bile noire et lymphe – dont l'équilibre dans le corps garantit une bonne santé.

6. Édulcoré : adouci.

7. Lénifier : adoucir.

8. Cordiale : qui stimule le fonctionnement du cœur (*cordis* en latin).

9. Bézoard : antipoison d'origine animale.

10. Limon : citron.

et deux font cinq, et cinq font dix, et dix font vingt. Soixante et trois livres, quatre sols, six deniers. Si bien donc que ce mois j'ai pris une, deux, trois, quatre, cinq, six, sept et huit médecines ; et un, deux, trois, quatre, cinq, six, sept, huit, neuf, dix, onze et douze lavements ; et l'autre mois il y avait douze médecines, et vingt lavements. Je ne m'étonne pas si je ne me porte pas si bien ce mois-ci que l'autre. Je le dirai à Monsieur Purgon, afin qu'il mette ordre à cela. Allons, qu'on m'ôte tout ceci. Il n'y a personne : j'ai beau dire, on me laisse toujours seul ; il n'y a pas moyen de les arrêter ici. *(Il sonne une sonnette pour faire venir ses gens[1].)* Ils n'entendent point, et ma sonnette ne fait pas assez de bruit. Drelin, drelin, drelin : point d'affaire. Drelin, drelin, drelin : ils sont sourds. Toinette ! Drelin, drelin, drelin : tout comme si je ne sonnais point. Chienne, coquine ! Drelin, drelin, drelin : j'enrage. *(Il ne sonne plus mais il crie.)* Drelin, drelin, drelin : carogne[2], à tous les diables ! Est-il possible qu'on laisse comme cela un pauvre malade tout seul ? Drelin, drelin, drelin : voilà qui est pitoyable ! Drelin, drelin, drelin : ah, mon Dieu ! ils me laisseront ici mourir. Drelin, drelin, drelin.

Scène 2

TOINETTE, ARGAN

TOINETTE, *en entrant dans la chambre.* — On y va.
ARGAN. — Ah, chienne ! ah, carogne… !

---

1. Ses gens : ses domestiques.

2. Carogne (charogne) : femme méchante et méprisable.

TOINETTE, *faisant semblant de s'être cogné la tête.* — Diantre[1] soit fait de votre impatience ! vous pressez si fort les personnes, que je me suis donné un grand coup de la tête contre la carne[2] d'un volet.

ARGAN, *en colère.* — Ah ! traîtresse… !

TOINETTE, *pour l'interrompre et l'empêcher de crier, se plaint toujours en disant.* — Ha !

ARGAN. — Il y a…

TOINETTE. — Ha !

ARGAN. — Il y a une heure…

TOINETTE. — Ha !

ARGAN. — Tu m'as laissé…

TOINETTE. — Ha !

ARGAN. — Tais-toi donc, coquine, que je te querelle.

TOINETTE. — Çamon[3], ma foi ! ma foi ! j'en suis d'avis, après ce que je me suis fait.

ARGAN. — Tu m'as fait égosiller[4], carogne.

TOINETTE. — Et vous m'avez fait, vous, casser la tête : l'un vaut bien l'autre ; quitte à quitte, si vous voulez.

ARGAN. — Quoi ? coquine…

TOINETTE. — Si vous querellez, je pleurerai.

ARGAN. — Me laisser, traîtresse…

TOINETTE, *toujours pour l'interrompre.* — Ha !

ARGAN. — Chienne, tu veux…

TOINETTE. — Ha !

---

1. **Diantre** : diable.

2. **Carne** : angle saillant.

3. **Çamon** : « Ah oui, vraiment ! ».

4. **(S')égosiller** : perdre sa voix (à force de crier).

Des clés pour la lecture linéaire

❶ Acte I, scène 1 (p. 33-34). De « Plus, du vingt-sixième... » (l. 32) à la fin de la scène.

L'EXPOSITION : ARGAN OU L'OBSESSION DE LA MALADIE • La pièce s'ouvre sur un monologue de son personnage éponyme : Argan est en train de calculer ce qu'il doit à son apothicaire. Et le moins que l'on puisse dire, c'est qu'Argan mérite bien son surnom tant les ordonnances de ses médecins, M. Fleurant et M. Purgon, le ruinent en médecines.

Le texte étape par étape

I. Un monologue... (l. 32-67)

1) En quoi cette scène est-elle un monologue ?

👍 Appuyez-vous sur la didascalie initiale.

2) Par quels procédés Molière anime-t-il ce monologue ?

👍 Identifiez les propos qui, par l'emploi de la 2ᵉ personne du pluriel, s'adressent à des destinataires fictifs.

II. ... en guise d'exposition (l. 32-67)

3) Par quels procédés d'écriture Molière accentue-t-il la longueur des factures de l'apothicaire ?

👍 Analysez la structure des phrases qui reproduisent les contenus des ordonnances.

4) Quels aspects du personnage ces comptes révèlent-ils ?

👍 Relevez les énumérations et les commentaires qu'Argan fait des effets des remèdes qu'il a pris.

5) Relevez les termes qui relèvent du lexique de la médecine : quel est l'effet produit par leur emploi et leur accumulation ?

👍 Ces termes sont des noms de produits exotiques, des adjectifs savants, parfois redondants.

Des clés pour la lecture linéaire

III. Une pièce comique (l. 32-67)

6) En quoi le choix des noms des médecins constitue-t-il un procédé satirique ?

👍 Identifiez le radical de ces noms, trouvez d'autres mots de la même famille et des mots du texte desquels vous pouvez les rapprocher.

7) En quoi les allusions aux fonctions du corps sont-elles comiques ?

👍 Retrouvez dans les passages entre guillemets les expressions introduites par « pour ».

8) Quels reproches Argan adresse-t-il à ses destinataires ? à son entourage ?

👍 Intéressez-vous aux passages qui évoquent M. Fleurant et M. Purgon, puis aux lignes qui suivent les didascalies internes.

IV. Conclusion

9) En vous appuyant sur vos réponses précédentes, montrez que cette première scène annonce une pièce comique qui fera la satire d'un caractère et d'une profession.

La question de grammaire

10) Relevez puis classez les déterminants numéraux et les adjectifs épithètes du passage afin de montrer leur rôle essentiel dans ce monologue.

👍 Un adjectif est épithète lorsqu'il est placé directement à côté du nom ou groupe nominal qu'il qualifie.

L'activité d'appropriation

11) **LECTURE EXPRESSIVE ET JEU THÉÂTRAL** • Entraînez-vous à lire ce passage de manière expressive. N'oubliez pas de nuancer le ton lorsqu'Argan semble s'adresser à MM. Purgon et Fleurant, d'accentuer l'expression de la colère lorsqu'il appelle ses serviteurs, ni de vous munir d'accessoires.

37

ARGAN. – Quoi ? il faudra encore que je n'aie pas le plaisir de
la quereller.

TOINETTE. – Querellez tout votre soûl[1], je le veux bien.

ARGAN. – Tu m'en empêches, chienne, en m'interrompant à
tous coups[2].

TOINETTE. – Si vous avez le plaisir de quereller, il faut bien
que, de mon côté, j'aie le plaisir de pleurer : chacun le sien,
ce n'est pas trop. Ha !

ARGAN. – Allons, il faut en passer par là. Ôte-moi ceci, coquine,
ôte-moi ceci[3]. *(Argan se lève de sa chaise.)* Mon lavement
d'aujourd'hui a-t-il bien opéré ?

TOINETTE. – Votre lavement ?

ARGAN. – Oui. Ai-je bien fait de la bile ?

TOINETTE. – Ma foi ! je ne me mêle point de ces affaires-là : c'est
à Monsieur Fleurant à y mettre le nez, puisqu'il en a le profit.

ARGAN. – Qu'on ait soin de me tenir un bouillon prêt, pour
l'autre que je dois tantôt[4] prendre.

TOINETTE. – Ce Monsieur Fleurant-là et ce Monsieur Purgon
s'égayent[5] bien sur votre corps ; ils ont en vous une bonne
vache à lait[6] ; et je voudrais bien leur demander quel mal
vous avez, pour vous faire tant de remèdes.

ARGAN. – Taisez-vous, ignorante, ce n'est pas à vous à contrôler
les ordonnances de la médecine. Qu'on me fasse venir ma
fille Angélique, j'ai à lui dire quelque chose.

---

1. Tout votre soûl : autant que vous voulez.

2. À tous coups : à chaque instant.

3. « Ceci » désigne la table sur laquelle Argan a fait ses comptes.

4. Tantôt : tout à l'heure, bientôt.

5. S'égayent : s'amusent.

6. Vache à lait : source de profit, quelqu'un dont on profite.

TOINETTE. — La voici qui vient d'elle-même : elle a deviné votre pensée.

Scène 3

ANGÉLIQUE, TOINETTE, ARGAN

ARGAN. — Approchez, Angélique ; vous venez à propos[1] : je voulais vous parler.

ANGÉLIQUE. — Me voilà prête à vous ouïr[2].

ARGAN, *courant au bassin*[3]. — Attendez. Donnez-moi mon bâton. Je vais revenir tout à l'heure[4].

TOINETTE, *en le raillant*. — Allez vite, Monsieur, allez. Monsieur Fleurant nous donne des affaires[5].

Scène 4

ANGÉLIQUE, TOINETTE

ANGÉLIQUE, *la regardant d'un œil languissant, lui dit confidemment*. — Toinette.

TOINETTE. — Quoi ?

ANGÉLIQUE. — Regarde-moi un peu.

---

1. **À propos** : au bon moment.
2. **Ouïr** : entendre.
3. **Au bassin** : aux toilettes.
4. **Tout à l'heure** : tout de suite.
5. De façon euphémistique, les « affaires » désignent au XVIIe siècle le fait d'aller aux toilettes. Ici, Toinette joue sur le double sens du mot : « travail » et « besoins naturels ».

TOINETTE. – Hé bien! je vous regarde.

ANGÉLIQUE. – Toinette.

TOINETTE. – Hé bien, quoi, Toinette?

ANGÉLIQUE. – Ne devines-tu point de quoi je veux parler?

TOINETTE. – Je m'en doute assez, de notre jeune amant; car c'est sur lui, depuis six jours, que roulent tous nos entretiens; et vous n'êtes point bien si vous n'en parlez à toute heure.

ANGÉLIQUE. – Puisque tu connais cela, que n'es-tu donc la première à m'en entretenir, et que ne m'épargnes-tu la peine de te jeter sur ce discours[1]?

TOINETTE. – Vous ne m'en donnez pas le temps, et vous avez des soins là-dessus qu'il est difficile de prévenir[2].

ANGÉLIQUE. – Je t'avoue que je ne saurais me lasser de te parler de lui, et que mon cœur profite avec chaleur de tous les moments de s'ouvrir à toi. Mais dis-moi, condamnes-tu, Toinette, les sentiments que j'ai pour lui?

TOINETTE. – Je n'ai garde[3].

ANGÉLIQUE. – Ai-je tort de m'abandonner à ces douces impressions?

TOINETTE. – Je ne dis pas cela.

ANGÉLIQUE. – Et voudrais-tu que je fusse insensible aux tendres protestations[4] de cette passion ardente qu'il témoigne pour moi?

TOINETTE. – À Dieu ne plaise[5]!

---

1. Discours: sujet de conversation.

2. Angélique parle tant de Cléante et si spontanément que Toinette n'a pas le temps de l'interroger.

3. Je n'ai garde: je m'en garderai bien, je m'en empêcherai bien.

4. Protestations: déclarations, promesses.

5. À Dieu ne plaise: «surtout pas!».

Acte I, scène 4

ANGÉLIQUE. – Dis-moi un peu, ne trouves-tu pas, comme moi, quelque chose du Ciel, quelque effet du destin, dans l'aventure inopinée de notre connaissance[1] ?

TOINETTE. – Oui.

160 ANGÉLIQUE. – Ne trouves-tu pas que cette action d'embrasser ma défense[2] sans me connaître est tout à fait d'un honnête homme[3] ?

TOINETTE. – Oui.

ANGÉLIQUE. – Que l'on ne peut pas en user plus généreuse-
165 ment[4] ?

TOINETTE. – D'accord.

ANGÉLIQUE. – Et qu'il fit tout cela de la meilleure grâce du monde ?

TOINETTE. – Oh! oui.

170 ANGÉLIQUE. – Ne trouves-tu pas, Toinette, qu'il est bien fait de sa personne[5] ?

TOINETTE. – Assurément.

ANGÉLIQUE. – Qu'il a l'air[6] le meilleur du monde ?

TOINETTE. – Sans doute.

175 ANGÉLIQUE. – Que ses discours, comme ses actions, ont quelque chose de noble ?

TOINETTE. – Cela est sûr.

---

1. **L'aventure inopinée de notre connaissance** : notre rencontre imprévue.
2. **Embrasser ma défense** : prendre ma défense.
3. Être un « honnête homme » représente un idéal au XVIIe siècle. Il s'agit pour un homme du monde de se montrer élégant et courtois, digne et mesuré, cultivé et spirituel en toutes circonstances.
4. **Généreusement** : noblement.
5. **Bien fait de sa personne** : bel homme.
6. **L'air** : l'allure.

ANGÉLIQUE. – Qu'on ne peut rien entendre de plus passionné que tout ce qu'il me dit ?

TOINETTE. – Il est vrai.

ANGÉLIQUE. – Et qu'il n'est rien de plus fâcheux[1] que la contrainte où l'on me tient, qui bouche tout commerce[2] aux doux empressements de cette mutuelle ardeur[3] que le Ciel nous inspire ?

TOINETTE. – Vous avez raison.

ANGÉLIQUE. – Mais, ma pauvre Toinette, crois-tu qu'il m'aime autant qu'il me le dit ?

TOINETTE. – Eh, eh ! ces choses-là, parfois, sont un peu sujettes à caution. Les grimaces[4] d'amour ressemblent fort à la vérité ; et j'ai vu de grands comédiens là-dessus.

ANGÉLIQUE. – Ah ! Toinette, que dis-tu là ? Hélas ! de la façon qu'il parle, serait-il bien possible qu'il ne me dît pas vrai ?

TOINETTE. – En tout cas, vous en serez bientôt éclaircie ; et la résolution où il vous écrivit hier qu'il était de vous faire demander en mariage est une prompte voie à vous faire connaître s'il vous dit vrai, ou non : c'en sera là la bonne preuve.

ANGÉLIQUE. – Ah ! Toinette, si celui-là me trompe, je ne croirai de ma vie aucun homme.

TOINETTE. – Voilà votre père qui revient.

---

1. Fâcheux : ennuyeux, pénible.

2. Qui bouche tout commerce : qui interdit toute relation.

3. Mutuelle ardeur : amour réciproque.

4. Grimaces : apparences mensongères.

Scène 5

ARGAN, ANGÉLIQUE, TOINETTE

ARGAN *se met dans sa chaise*. – Ô çà, ma fille, je vais vous dire une nouvelle, où peut-être ne vous attendez-vous pas. On vous demande en mariage. Qu'est-ce que cela ? vous riez. Cela est plaisant, oui, ce mot de mariage ; il n'y a rien de plus drôle pour les jeunes filles : ah ! nature, nature ! À ce que je puis voir, ma fille, je n'ai que faire de vous demander si vous voulez bien vous marier.

ANGÉLIQUE. – Je dois faire, mon père, tout ce qu'il vous plaira de m'ordonner.

ARGAN. – Je suis bien d'aise d'avoir une fille si obéissante. La chose est donc conclue, et je vous ai promise.

ANGÉLIQUE. – C'est à moi, mon père, de suivre aveuglément toutes vos volontés.

ARGAN. – Ma femme, votre belle-mère, avait envie que je vous fisse religieuse, et votre petite sœur Louison aussi, et de tout temps elle a été aheurtée[1] à cela.

TOINETTE, *tout bas*. – La bonne bête a ses raisons.

ARGAN. – Elle ne voulait point consentir à ce mariage, mais je l'ai emporté, et ma parole est donnée.

ANGÉLIQUE. – Ah ! mon père, que je vous suis obligée[2] de toutes vos bontés.

TOINETTE. – En vérité, je vous sais bon gré[3] de cela, et voilà l'action la plus sage que vous ayez faite de votre vie.

---

1. Aheurtée : obstinée, entêtée.

2. Je vous suis obligée : je vous suis reconnaissante.

3. Je vous sais bon gré : je vous suis reconnaissante.

ARGAN. – Je n'ai point encore vu la personne ; mais on m'a dit que j'en serais content, et toi aussi.

ANGÉLIQUE. – Assurément, mon père.

ARGAN. – Comment l'as-tu vu ?

ANGÉLIQUE. – Puisque votre consentement m'autorise à vous pouvoir ouvrir mon cœur, je ne feindrai point[1] de vous dire que le hasard nous a fait connaître il y a six jours, et que la demande qu'on vous a faite est un effet de l'inclination[2] que, dès cette première vue, nous avons prise l'un pour l'autre.

ARGAN. – Ils ne m'ont pas dit cela ; mais j'en suis bien aise, et c'est tant mieux que les choses soient de la sorte. Ils disent que c'est un grand jeune garçon bien fait.

ANGÉLIQUE. – Oui, mon père.

ARGAN. – De belle taille.

ANGÉLIQUE. – Sans doute.

ARGAN. – Agréable de sa personne.

ANGÉLIQUE. – Assurément.

ARGAN. – De bonne physionomie.

ANGÉLIQUE. – Très bonne.

ARGAN. – Sage, et bien né[3].

ANGÉLIQUE. – Tout à fait.

ARGAN. – Fort honnête[4].

ANGÉLIQUE. – Le plus honnête du monde.

ARGAN. – Qui parle bien latin, et grec.

ANGÉLIQUE. – C'est ce que je ne sais pas.

ARGAN. – Et qui sera reçu médecin dans trois jours.

---

1. Je ne feindrai point : je n'hésiterai pas.

2. Inclination : sentiment amoureux naissant.

3. Bien né : de bonne famille.

4. Fort honnête : bien élevé.

Acte I, scène 5

ANGÉLIQUE. – Lui, mon père ?

ARGAN. – Oui. Est-ce qu'il ne te l'a pas dit ?

ANGÉLIQUE. – Non vraiment. Qui vous l'a dit à vous ?

ARGAN. – Monsieur Purgon.

ANGÉLIQUE. – Est-ce que Monsieur Purgon le connaît ?

ARGAN. – La belle demande ! il faut bien qu'il le connaisse, puisque c'est son neveu.

ANGÉLIQUE. – Cléante, neveu de Monsieur Purgon ?

ARGAN. – Quel Cléante ? Nous parlons de celui pour qui l'on t'a demandée en mariage.

ANGÉLIQUE. – Hé ! oui.

ARGAN. – Hé bien, c'est le neveu de Monsieur Purgon, qui est le fils de son beau-frère le médecin, Monsieur Diafoirus ; et ce fils s'appelle Thomas Diafoirus, et non pas Cléante ; et nous avons conclu ce mariage-là ce matin, Monsieur Purgon, Monsieur Fleurant et moi, et, demain, ce gendre prétendu doit m'être amené par son père. Qu'est-ce ? vous voilà tout ébaubie[1] ?

ANGÉLIQUE. – C'est, mon père, que je connais que vous avez parlé d'une personne, et que j'ai entendu[2] une autre.

TOINETTE. – Quoi ? Monsieur, vous auriez fait ce dessein burlesque[3] ? Et avec tout le bien[4] que vous avez, vous voudriez marier votre fille avec un médecin ?

ARGAN. – Oui. De quoi te mêles-tu, coquine, impudente[5] que tu es ?

---

1. Ébaubie : étonnée, stupéfaite.

2. J'ai entendu : j'ai compris.

3. Dessein burlesque : projet ridicule.

4. Le bien : la richesse, la fortune.

5. Impudente : insolente.

TOINETTE. – Mon Dieu ! tout doux : vous allez d'abord[1] aux invectives[2]. Est-ce que nous ne pouvons pas raisonner ensemble sans nous emporter ? Là, parlons de sang-froid. Quelle est votre raison, s'il vous plaît, pour un tel mariage ?

280 ARGAN. – Ma raison est que, me voyant infirme et malade comme je suis, je veux me faire un gendre et des alliés médecins, afin de m'appuyer de bons secours contre ma maladie, d'avoir dans ma famille les sources des remèdes qui me sont nécessaires, et d'être à même des consultations et des ordonnances.

285 TOINETTE. – Hé bien ! voilà dire une raison, et il y a plaisir à se répondre doucement les uns aux autres. Mais, Monsieur, mettez la main à la conscience[3] : est-ce que vous êtes malade ?

ARGAN. – Comment, coquine, si je suis malade ? si je suis malade, impudente ?

290 TOINETTE. – Hé bien ! oui, Monsieur, vous êtes malade, n'ayons point de querelle là-dessus ; oui, vous êtes fort malade, j'en demeure d'accord, et plus malade que vous ne pensez : voilà qui est fait. Mais votre fille doit épouser un mari pour elle ; et, n'étant point malade, il n'est pas nécessaire de lui donner
295 un médecin.

ARGAN. – C'est pour moi que je lui donne ce médecin ; et une fille de bon naturel doit être ravie d'épouser ce qui est utile à la santé de son père.

TOINETTE. – Ma foi ! Monsieur, voulez-vous qu'en amie je vous
300 donne un conseil ?

ARGAN. – Quel est-il ce conseil ?

---

1. D'abord : d'emblée, tout de suite.

2. Invectives : propos injurieux, insultants.

3. Mettez la main à la conscience : réfléchissez en toute conscience.

TOINETTE. – De ne point songer à ce mariage-là.

ARGAN. – Hé la raison ?

TOINETTE. – La raison ? C'est que votre fille n'y consentira point.

ARGAN. – Elle n'y consentira point ?

TOINETTE. – Non.

ARGAN. – Ma fille ?

TOINETTE. – Votre fille. Elle vous dira qu'elle n'a que faire de Monsieur Diafoirus, ni de son fils Thomas Diafoirus, ni de tous les Diafoirus du monde.

ARGAN. – J'en ai affaire, moi, outre que le parti est plus avantageux qu'on ne pense. Monsieur Diafoirus n'a que ce fils-là pour tout héritier ; et, de plus, Monsieur Purgon, qui n'a ni femme, ni enfants, lui donne tout son bien, en faveur de ce mariage ; et Monsieur Purgon est un homme qui a huit mille bonnes livres de rente[1].

TOINETTE. – Il faut qu'il ait tué bien des gens, pour s'être fait si riche.

ARGAN. – Huit mille livres de rente sont quelque chose, sans compter le bien du père.

TOINETTE. – Monsieur, tout cela est bel et bon ; mais j'en reviens toujours là : je vous conseille, entre nous, de lui choisir un autre mari, et elle n'est point faite pour être Madame Diafoirus.

ARGAN. – Et je veux, moi, que cela soit.

TOINETTE. – Eh fi[2] ! ne me dites pas cela.

ARGAN. – Comment, que je ne dise pas cela ?

---

1. Rente : revenu fixe.

2. L'interjection « fi » traduit le mépris.

TOINETTE. – Hé non !

ARGAN. – Et pourquoi ne le dirai-je pas ?

TOINETTE. – On dira que vous ne songez pas à ce que vous dites.

ARGAN. – On dira ce qu'on voudra ; mais je vous dis que je veux qu'elle exécute la parole que j'ai donnée.

TOINETTE. – Non : je suis sûre qu'elle ne le fera pas.

ARGAN. – Je l'y forcerai bien.

TOINETTE. – Elle ne le fera pas, vous dis-je.

ARGAN. – Elle le fera, ou je la mettrai dans un convent[1].

TOINETTE. – Vous ?

ARGAN. – Moi.

TOINETTE. – Bon.

ARGAN. – Comment, « bon » ?

TOINETTE. – Vous ne la mettrez point dans un convent.

ARGAN. – Je ne la mettrai point dans un convent ?

TOINETTE. – Non.

ARGAN. – Non ?

TOINETTE. – Non.

ARGAN. – Ouais[2] ! voici qui est plaisant : je ne mettrai pas ma fille dans un convent, si je veux ?

TOINETTE. – Non, vous dis-je.

ARGAN. – Qui m'en empêchera ?

TOINETTE. – Vous-même.

ARGAN. – Moi ?

TOINETTE. – Oui, vous n'aurez pas ce cœur-là.

ARGAN. – Je l'aurai.

---

1. Convent : couvent.

2. Ouais : « ah oui ! », « tiens donc ! ».

TOINETTE. – Vous vous moquez.

ARGAN. – Je ne me moque point.

TOINETTE. – La tendresse paternelle vous prendra.

ARGAN. – Elle ne me prendra point.

TOINETTE. – Une petite larme ou deux, des bras jetés au cou, un « mon petit papa mignon », prononcé tendrement, sera assez pour vous toucher.

ARGAN. – Tout cela ne fera rien.

TOINETTE. – Oui, oui.

ARGAN. – Je vous dis que je n'en démordrai point.

TOINETTE. – Bagatelles[1].

ARGAN. – Il ne faut point dire « bagatelles ».

TOINETTE. – Mon Dieu ! je vous connais, vous êtes bon naturellement.

ARGAN, *avec emportement*. – Je ne suis point bon, et je suis méchant quand je veux.

TOINETTE. – Doucement, Monsieur : vous ne songez pas que vous êtes malade.

ARGAN. – Je lui commande absolument de se préparer à prendre le mari que je dis.

TOINETTE. – Et moi, je lui défends absolument d'en faire rien.

ARGAN. – Où est-ce donc que nous sommes ? et quelle audace est-ce là à une coquine de servante de parler de la sorte devant son maître ?

TOINETTE. – Quand un maître ne songe pas à ce qu'il fait, une servante bien sensée est en droit de le redresser.

ARGAN *court après Toinette*. – Ah ! insolente, il faut que je t'assomme.

---

1. **Bagatelles** : sottises.

TOINETTE *se sauve de lui.* – Il est de mon devoir de m'opposer aux choses qui vous peuvent déshonorer.

ARGAN, *en colère, court après elle autour de sa chaise, son bâton à la main.* – Viens, viens, que je t'apprenne à parler.

TOINETTE, *courant, et se sauvant du côté de la chaise où n'est pas Argan.* – Je m'intéresse, comme je dois, à ne vous point laisser faire de folie.

ARGAN. – Chienne !

TOINETTE. – Non, je ne consentirai jamais à ce mariage.

ARGAN. – Pendarde[1] !

TOINETTE. – Je ne veux point qu'elle épouse votre Thomas Diafoirus.

ARGAN. – Carogne !

TOINETTE. – Et elle m'obéira plutôt qu'à vous.

ARGAN. – Angélique, tu ne veux pas m'arrêter cette coquine-là ?

ANGÉLIQUE. – Eh ! mon père, ne vous faites point malade.

ARGAN. – Si tu ne me l'arrêtes, je te donnerai ma malédiction.

TOINETTE. – Et moi, je la déshériterai, si elle vous obéit.

ARGAN *se jette dans sa chaise, étant las[2] de courir après elle.* – Ah ! ah ! je n'en puis plus. Voilà pour me faire mourir.

---

1. Pendarde : injure ; littéralement, « digne d'être pendue ».
2. Las : fatigué.

Acte I, scène 5

Le Malade imaginaire, gravure d'après Moreau Le Jeune, Paris, 1773.

Des clés pour la lecture linéaire

2 — Acte I, scène 5 (p. 48-50). De « Toinette. – Vous ne la mettrez point... » (l. 343) à la fin de la scène.

UN PROJET DE MARIAGE CONTROVERSÉ • Dans cette scène, il y a eu quiproquo : Angélique a cru que son père lui destinait Cléante, l'homme qu'elle aime, pour époux. Or, il s'agit d'un jeune médecin, le fils Diafoirus ! Toinette, la servante, s'élève contre ce « dessein burlesque ».

Le texte étape par étape

I. La question du couvent (l. 343-375)

1) Quels procédés contribuent à la vivacité du rythme dans la première partie de l'échange ?

👍 Recherchez et notez la définition de stichomythie.

2) Quel argument Toinette emploie-t-elle pour contrecarrer la volonté paternelle ?

👍 Repérez la réplique où elle emploie des guillemets.

3) Comment Toinette parvient-elle à mettre Argan en colère ?

👍 Analysez l'échange à partir de « Bagatelles » et relevez la didascalie relative à Argan et au sentiment qui s'empare de lui.

II. Quand une servante affronte son maître (l. 376-381)

4) En quoi Toinette s'arroge-t-elle un rôle qui n'est pas le sien ?

👍 Analysez l'emploi de la phrase déclarative, des pronoms personnels et du lexique dans ses répliques.

5) Par quelle réplique Argan signifie-t-il à Toinette qu'elle outrepasse ses droits ? Comment la servante justifie-t-elle son attitude ?

👍 Analysez le lexique et le ton employés par chacun des deux personnages.

Des clés pour la lecture linéaire

III. Une confrontation farcesque (l. 382-403)

6) Quelle menace Argan fait-il planer sur Toinette ?

👍 Relevez les didascalies décrivant la gestuelle des personnages.

7) Quelle est l'attitude d'Angélique ? Que signifie-t-elle ?

👍 Analysez la question que son père lui pose et sa réponse.

8) En quoi la scène relève-t-elle du comique de la farce ?

👍 La farce met en scène des gens du peuple, des situations triviales et use, pour provoquer le rire, d'un comique grossier.

IV. Conclusion

9) Pourquoi la relation maître-servante est-elle originale dans cette scène ?

👍 Analysez le tempérament de Toinette et le but dans lequel elle s'adresse ainsi à Argan.

La question de grammaire

10) Relevez une phrase négative et une tournure impersonnelle dans les répliques de Toinette puis d'Argan, et montrez que leur emploi permet d'exprimer la volonté de ces personnages.

👍 Dans une tournure impersonnelle, le sujet du verbe, appelé « sujet grammatical » ou « sujet apparent », commande l'accord du verbe mais ne représente rien, contrairement au « sujet réel » qui correspond à celle, celui ou ce qui fait réellement l'action.

L'activité d'appropriation

11) MISE EN SCÈNE • Par 2 ou 3, rédigez les didascalies qui préciseront les gestes et déplacements des personnages, et imaginez une illustration sonore.

👍 Mettez en valeur l'intensité croissante de la colère d'Argan et faites-en sorte qu'Angélique, qui parle peu, « occupe » l'espace scénique.

Scène 6

BÉLINE, ANGÉLIQUE, TOINETTE, ARGAN

ARGAN. – Ah! ma femme, approchez.

BÉLINE. – Qu'avez-vous, mon pauvre mari?

ARGAN. – Venez-vous-en ici à mon secours.

BÉLINE. – Qu'est-ce que c'est donc qu'il y a, mon petit fils[1]?

ARGAN. – Mamie[2].

BÉLINE. – Mon ami.

ARGAN. – On vient de me mettre en colère!

BÉLINE. – Hélas! pauvre petit mari. Comment donc, mon ami?

ARGAN. – Votre coquine de Toinette est devenue plus insolente que jamais.

BÉLINE. – Ne vous passionnez donc point[3].

ARGAN. – Elle m'a fait enrager, mamie.

BÉLINE. – Doucement, mon fils.

ARGAN. – Elle a contrecarré, une heure durant, les choses que je veux faire.

BÉLINE. – Là, là, tout doux.

ARGAN. – Et a eu l'effronterie de me dire que je ne suis point malade.

BÉLINE. – C'est une impertinente.

ARGAN. – Vous savez, mon cœur, ce qui en est.

BÉLINE. – Oui, mon cœur, elle a tort.

ARGAN. – Mamour[4], cette coquine-là me fera mourir.

BÉLINE. – Eh là, eh là!

---

1. À l'époque, c'est un terme affectueux qui peut désigner un époux.

2. Mamie : mon amie.

3. Ne vous passionnez donc point : ne vous mettez pas en colère.

4. Mamour : mon amour.

Acte I, scène 6

ARGAN. – Elle est cause de toute la bile que je fais.

BÉLINE. – Ne vous fâchez point tant.

ARGAN. – Et il y a je ne sais combien que je vous dis de me la chasser.

BÉLINE. – Mon Dieu! mon fils, il n'y a point de serviteurs et de servantes qui n'aient leurs défauts. On est contraint parfois de souffrir[1] leurs mauvaises qualités à cause des bonnes. Celle-ci est adroite, soigneuse, diligente[2], et surtout fidèle, et vous savez qu'il faut maintenant de grandes précautions pour les gens que l'on prend. Holà! Toinette.

TOINETTE. – Madame.

BÉLINE. – Pourquoi donc est-ce que vous mettez mon mari en colère?

TOINETTE, *d'un ton doucereux*[3]. Moi, Madame, hélas! Je ne sais pas ce que vous me voulez dire, et je ne songe qu'à complaire à Monsieur en toutes choses.

ARGAN. – Ah! la traîtresse!

TOINETTE. – Il nous a dit qu'il voulait donner sa fille en mariage au fils de Monsieur Diafoirus; je lui ai répondu que je trouvais le parti avantageux pour elle; mais que je croyais qu'il ferait mieux de la mettre dans un convent.

BÉLINE. – Il n'y a pas grand mal à cela, et je trouve qu'elle a raison.

ARGAN. – Ah! mamour, vous la croyez. C'est une scélérate[4]: elle m'a dit cent insolences.

BÉLINE. – Hé bien! je vous crois, mon ami. Là, remettez-vous. Écoutez Toinette, si vous fâchez jamais mon mari, je vous

---

1. Souffrir: supporter, accepter.

2. Diligente: pleine d'empressement, de zèle.

3. Doucereux: mielleux, hypocrite.

4. Scélérate: coupable, criminelle.

mettrai dehors. Çà, donnez-moi son manteau fourré et des oreillers, que je l'accommode dans sa chaise. Vous voilà je ne sais comment. Enfoncez bien votre bonnet jusque sur vos oreilles : il n'y a rien qui enrhume tant que de prendre l'air par les oreilles.

ARGAN. – Ah ! mamie, que je vous suis obligé de tous les soins que vous prenez de moi !

BÉLINE, *accommodant les oreillers qu'elle met autour d'Argan.* – Levez-vous, que je mette ceci sous vous. Mettons celui-ci pour vous appuyer, et celui-là de l'autre côté. Mettons celui-ci derrière votre dos, et cet autre-là pour soutenir votre tête.

TOINETTE, *lui mettant rudement un oreiller sur la tête, et puis fuyant.*
– Et celui-ci pour vous garder du serein[1].

ARGAN *se lève en colère, et jette tous les oreillers à Toinette.* – Ah ! coquine, tu veux m'étouffer.

BÉLINE. – Eh là, eh là ! Qu'est-ce que c'est donc ?

ARGAN, *tout essoufflé, se jette dans sa chaise.* – Ah, ah, ah ! je n'en puis plus.

BÉLINE. – Pourquoi vous emporter ainsi ? Elle a cru faire bien.

ARGAN. – Vous ne connaissez pas, mamour, la malice de la pendarde. Ah ! elle m'a mis tout hors de moi ; et il faudra plus de huit médecines, et de douze lavements, pour réparer tout ceci.

BÉLINE. – Là, là, mon petit ami, apaisez-vous un peu.

ARGAN. – Mamie, vous êtes toute ma consolation.

BÉLINE. – Pauvre petit fils.

ARGAN. – Pour tâcher de reconnaître l'amour que vous me portez, je veux, mon cœur, comme je vous ai dit, faire mon testament.

---

1. Vous garder du serein : vous préserver de l'humidité du soir.

BÉLINE. – Ah! mon ami, ne parlons point de cela, je vous prie : je ne saurais souffrir cette pensée ; et le seul mot de testament me fait tressaillir[1] de douleur.

ARGAN. – Je vous avais dit de parler pour cela à votre notaire.

BÉLINE. – Le voilà là-dedans, que j'ai amené avec moi.

ARGAN. – Faites-le donc entrer, mamour.

BÉLINE. – Hélas! mon ami, quand on aime bien un mari, on n'est guère en état de songer à tout cela.

Scène 7

LE NOTAIRE, BÉLINE, ARGAN

ARGAN. – Approchez, Monsieur de Bonnefoy, approchez. Prenez un siège, s'il vous plaît. Ma femme m'a dit, Monsieur, que vous étiez fort honnête homme, et tout à fait de ses amis ; et je l'ai chargée de vous parler pour un testament que je veux faire.

BÉLINE. – Hélas! je ne suis point capable de parler de ces choses-là.

LE NOTAIRE. – Elle m'a, Monsieur, expliqué vos intentions, et le dessein où vous êtes pour elle ; et j'ai à vous dire là-dessus que vous ne sauriez rien donner à votre femme par votre testament.

ARGAN. – Mais pourquoi ?

LE NOTAIRE. – La Coutume y résiste. Si vous étiez en pays de droit écrit, cela se pourrait faire ; mais, à Paris, et dans les pays coutumiers[2], au moins dans la plupart, c'est ce qui ne se peut,

---

1. Tressaillir : sursauter, ressentir une subite agitation.

2. Pays coutumiers : pays qui obéissent à la Coutume, c'est-à-dire l'ensemble des lois orales. C'est le cas du Nord de la France au XVIIe siècle.

et la disposition serait nulle. Tout l'avantage qu'homme et femme conjoints par mariage se peuvent faire l'un à l'autre, c'est un don mutuel entre vifs[1] ; encore faut-il qu'il n'y ait enfants, soit des deux conjoints, ou de l'un d'eux, lors du décès du premier mourant.

ARGAN. – Voilà une Coutume bien impertinente, qu'un mari ne puisse rien laisser à une femme dont il est aimé tendrement, et qui prend de lui tant de soin. J'aurais envie de consulter mon avocat, pour voir comment je pourrais faire.

LE NOTAIRE. – Ce n'est point à des avocats qu'il faut aller, car ils sont d'ordinaire sévères là-dessus, et s'imaginent que c'est un grand crime que de disposer en fraude de la loi. Ce sont gens de difficultés, et qui sont ignorants des détours de la conscience[2]. Il y a d'autres personnes à consulter, qui sont bien plus accommodantes, qui ont des expédients[3] pour passer doucement par-dessus la loi, et rendre juste ce qui n'est pas permis ; qui savent aplanir les difficultés d'une affaire, et trouver des moyens d'éluder[4] la Coutume par quelque avantage indirect. Sans cela, où en serions-nous tous les jours ? Il faut de la facilité dans les choses ; autrement nous ne ferions rien, et je ne donnerais pas un sou de notre métier.

ARGAN. – Ma femme m'avait bien dit, Monsieur, que vous étiez fort habile, et fort honnête homme. Comment puis-je

---

1. Vifs : vivants.

2. Des détours de la conscience : des moyens (rhétoriques, de jurisprudence) qui permettent de détourner la loi en toute bonne conscience.

3. Expédients : moyens.

4. Éluder : contourner, se soustraire à.

faire, s'il vous plaît, pour lui donner mon bien, et en frustrer[1] mes enfants ?

LE NOTAIRE. – Comment vous pouvez faire ? Vous pouvez choisir doucement un ami intime de votre femme, auquel vous donnerez en bonne forme par votre testament tout ce que vous pouvez, et cet ami ensuite lui rendra tout. Vous pouvez encore contracter un grand nombre d'obligations[2], non suspectes, au profit de divers créanciers, qui prêteront leur nom à votre femme, et entre les mains de laquelle ils mettront leur déclaration que ce qu'ils en ont fait n'a été que pour lui faire plaisir. Vous pouvez aussi, pendant que vous êtes en vie, mettre entre ses mains de l'argent comptant, ou des billets que vous pourrez avoir, payables au porteur[3].

BÉLINE. – Mon Dieu ! il ne faut point vous tourmenter de tout cela. S'il vient faute de vous[4], mon fils, je ne veux plus rester au monde.

ARGAN. – Mamie !

BÉLINE. – Oui, mon ami, si je suis assez malheureuse pour vous perdre…

ARGAN. – Ma chère femme !

BÉLINE. – La vie ne me sera plus de rien.

ARGAN. – Mamour !

BÉLINE. – Et je suivrai vos pas, pour vous faire connaître la tendresse que j'ai pour vous.

---

1. Frustrer : priver.
2. Obligations : documents qui prouvent que l'on doit de l'argent, mentionnant des dettes.
3. Billets […] payables au porteur : reconnaissances de dettes payables à celui qui les présente. Cet argent serait ensuite rendu à Béline à la mort d'Argan.
4. S'il vient faute de vous : si vous mourez.

ARGAN. – Mamie, vous me fendez le cœur. Consolez-vous, je vous en prie.

LE NOTAIRE. – Ces larmes sont hors de saison[1], et les choses n'en sont point encore là.

555 BÉLINE. – Ah! Monsieur, vous ne savez pas ce que c'est qu'un mari qu'on aime tendrement.

ARGAN. – Tout le regret que j'aurai, si je meurs, mamie, c'est de n'avoir point un enfant de vous. Monsieur Purgon m'avait dit qu'il m'en ferait faire un[2].

560 LE NOTAIRE. – Cela pourra venir encore.

ARGAN. – Il faut faire mon testament, mamour, de la façon que Monsieur dit; mais, par précaution, je veux vous mettre entre les mains vingt mille francs en or, que j'ai dans le lambris de mon alcôve[3], et deux billets payables au porteur, 565 qui me sont dus, l'un par Monsieur Damon, et l'autre par Monsieur Gérante.

BÉLINE. – Non, non, je ne veux point de tout cela. Ah! combien dites-vous qu'il y a dans votre alcôve?

ARGAN. – Vingt mille francs, mamour.

570 BÉLINE. – Ne me parlez point de bien, je vous prie. Ah! de combien sont les deux billets?

ARGAN. – Ils sont, mamie, l'un de quatre mille francs, et l'autre de six.

BÉLINE. – Tous les biens du monde, mon ami, ne me sont rien 575 au prix de vous.

LE NOTAIRE. – Voulez-vous que nous procédions au testament?

---

1. Sont hors de saison: n'ont pas lieu d'être.

2. L'expression d'Argan, qui prête à confusion, est comique.

3. Le lambris de mon alcôve: le revêtement mural de ma chambre (ou de mon cabinet).

Argan. – Oui, Monsieur ; mais nous serons mieux dans mon petit cabinet[1]. Mamour, conduisez-moi, je vous prie.
Béline. – Allons, mon pauvre petit fils.

Scène 8

Angélique, Toinette

Toinette. – Les voilà avec un notaire, et j'ai ouï parler de testament. Votre belle-mère ne s'endort point[2], et c'est sans doute quelque conspiration contre vos intérêts où elle pousse votre père.
Angélique. – Qu'il dispose de son bien à sa fantaisie[3], pourvu qu'il ne dispose point de mon cœur. Tu vois, Toinette, les desseins violents que l'on fait sur lui. Ne m'abandonne point, je te prie, dans l'extrémité[4] où je suis.
Toinette. – Moi, vous abandonner ? j'aimerais mieux mourir. Votre belle-mère a beau me faire sa confidente, et me vouloir jeter dans[5] ses intérêts, je n'ai jamais pu avoir d'inclination pour elle, et j'ai toujours été de votre parti. Laissez-moi faire : j'emploierai toute chose pour vous servir ; mais pour vous servir avec plus d'effet, je veux changer de batterie[6], couvrir[7] le zèle que j'ai pour vous, et feindre

---

1. **Cabinet** : bureau.
2. **Ne s'endort point** : ne perd pas de vue ses intérêts.
3. **À sa fantaisie** : comme il le souhaite.
4. **L'extrémité** : la situation désespérée.
5. **Jeter dans** : prendre parti à.
6. **Changer de batterie** : employer d'autres moyens.
7. **Couvrir** : dissimuler.

d'entrer dans[1] les sentiments de votre père et de votre belle-mère.

ANGÉLIQUE. – Tâche, je t'en conjure, de faire donner avis[2] à Cléante du mariage qu'on a conclu.

TOINETTE. – Je n'ai personne à employer à cet office, que le vieux usurier Polichinelle, mon amant, et il m'en coûtera pour cela quelques paroles de douceur, que je veux bien dépenser pour vous. Pour aujourd'hui il est trop tard ; mais demain, du grand matin, je l'enverrai quérir, et il sera ravi de…

BÉLINE. – Toinette.

TOINETTE. – Voilà qu'on m'appelle. Bonsoir. Reposez-vous sur moi.

Le théâtre change et représente une ville.

---

1. Entrer dans : partager.
2. Faire donner avis : informer.

Premier intermède

Polichinelle, dans la nuit, vient pour donner une sérénade[1] à sa maîtresse. Il est interrompu d'abord par des violons, contre lesquels il se met en colère, et ensuite par le Guet[2], composé de musiciens et de danseurs.

POLICHINELLE

Ô amour, amour, amour, amour ! Pauvre Polichinelle, quelle diable de fantaisie t'es-tu allé mettre dans la cervelle ? À quoi t'amuses-tu, misérable insensé que tu es ? Tu quittes le soin de ton négoce[3], et tu laisses aller tes affaires à l'abandon. Tu ne manges plus, tu ne bois presque plus, tu perds le repos de la nuit ; et tout cela pour qui ? Pour une dragonne, franche dragonne, une diablesse qui te rembarre[4], et se moque de tout ce que tu peux lui dire. Mais il n'y a point à raisonner là-dessus. Tu le veux, amour : il faut être fou comme beaucoup d'autres. Cela n'est pas le mieux du monde à un homme de mon âge ; mais qu'y faire ? On n'est pas sage quand on veut, et les vieilles cervelles se démontent comme les jeunes.

---

1. Sérénade : chant accompagné de musique qui se donne le soir ou la nuit sous les fenêtres de quelqu'un.
2. Le Guet : personne chargée de guetter ; ici, sorte de personnage collectif, ensemble constitué de musiciens et de danseurs chargés de faire le guet devant la maison.
3. Négoce : affaire, commerce.
4. Rembarre : repousse.

Je viens voir si je ne pourrai point adoucir ma tigresse par une sérénade. Il n'y a rien parfois qui soit si touchant qu'un amant qui vient chanter ses doléances[1] aux gonds et aux verrous de la porte de sa maîtresse. Voici de quoi accompagner ma voix. Ô nuit! ô chère nuit! porte mes plaintes amoureuses jusque dans le lit de mon inflexible.

(Il chante ces paroles.)

Notte e dì v'amo e v'adoro,	Nuit et jour je vous aime et vous adore.
Cerco un sì per mio ristoro;	Je cherche un oui pour mon réconfort;
Ma se voi dite di no,	Mais si vous dites non,
Bell' ingrata, io morirò.	Belle ingrate, je mourrai.
Fra la speranza	À travers l'espérance
S'afflige il cuore,	S'afflige le cœur,
In lontananza	Car dans l'absence
Consuma l'hore;	Il consume les heures.
Si dolce inganno	La si douce illusion
Che mi figura	Qui me représente
Breve l'affanno	La fin proche de mon tourment,
Ahi! troppo dura!	Hélas! dure trop.
Cosi per tropp'amar	Aussi pour trop aimer
languisco e muoro.	je languis et je meurs.
Notte e dì v'amo e v'adoro,	Nuit et jour je vous aime et vous adore.
Cerco un sì per mio ristoro;	Je cherche un oui pour mon réconfort;
Ma se voi dite di no,	Mais si vous dites non,
Bell' ingrata, io morirò.	Belle ingrate, je mourrai.
Se non dormite,	Si vous ne dormez pas,
Almen pensate	Pensez au moins

---

1. Doléances: plaintes.

Alle ferite	Aux blessures
Ch'al cuor mi fate;	Qu'au cœur vous me faites.
Deh! almen fingete,	Ah! feignez au moins,
Per mio conforto,	Pour mon réconfort,
45 *Se m'uccidete,*	Si vous me tuez,
D'haver il torto:	D'en avoir remords:
Vostra pietà mi scemerà	Votre pitié me diminuera
il martoro.	mon martyre.
Notte e dì v'amo e v'adoro,	Nuit et jour je vous aime et vous adore.
Cerco un sì per mio ristoro;	Je cherche un oui pour mon réconfort;
50 *Ma se voi dite di no,*	Mais si vous dites non,
Bell' ingrata, io morirò.	Belle ingrate, je mourrai.

UNE VIEILLE *se présente à la fenêtre, et répond au seignor Polichinelle en se moquant de lui.*

Zerbinetti, ch'ogn'hor	Freluquets qui à toute heure
con finti sguardi,	avec des regards trompeurs
Mentiti desiri,	Désirs menteurs,
Fallaci sospiri,	Soupirs fallacieux,
55 *Accenti bugiardi,*	Accents perfides,
Di fede vi pregiate,	Vous vantez de votre foi,
Ah! che non m'ingannate,	Ah! que vous ne m'abusez pas.
Che già so per prova	Car déjà je sais par expérience,
Ch' in voi non si trova	Qu'en vous on ne trouve
60 *Constanza ne fede:*	Constance ni foi;
Oh! quanto è pazza	Oh! comme elle est folle
colei che vi crede!	celle qui vous croit!

Quei sguardi languidi	Les regards languissants
Non m'innamorano,	Ne me troublent plus,
Quei sospir fervidi	Ces soupirs brûlants
65 *Più non m'infiammano,*	Ne m'enflamment plus ;
Vel giuro a fè.	Je vous le jure sur ma foi.
Zerbino misero,	Malheureux galant,
Del vostro piangere	De toutes vos plaintes
Il mio cor libero	Mon cœur libéré
70 *Vuol sempre ridere,*	Veut toujours se rire.
Credet' a me:	Croyez-moi,
Che già so per prova	Déjà je sais par expérience,
Ch' in voi non si trova	Qu'en vous on ne trouve
Constanza ne fede :	Constance ni foi ;
75 *Oh! quanto è pazza*	Oh ! comme elle est folle
colei che vi crede!	celle qui vous croit !

(Violons.)

POLICHINELLE

Quelle impertinente harmonie vient interrompre ici ma voix ?

(Violons.)

POLICHINELLE

Paix là, taisez-vous, violons. Laissez-moi me plaindre à mon aise des
80 *cruautés de mon inexorable.*

(Violons.)

POLICHINELLE

Taisez-vous, vous dis-je. C'est moi qui veux chanter.

(Violons.)

Polichinelle

Paix donc !

(Violons.)

Polichinelle

Ouais !

(Violons.)

Polichinelle

Ahi !

(Violons.)

Polichinelle

Est-ce pour rire ?

(Violons.)

Polichinelle

Ah ! que de bruit !

(Violons.)

Polichinelle

Le diable vous emporte !

(Violons.)

Polichinelle

J'enrage.

(Violons.)

Polichinelle
Vous ne vous tairez pas ? Ah, Dieu soit loué !

(Violons.)

POLICHINELLE

100 *Encore ?*

(Violons.)

POLICHINELLE

Peste de violons !

(Violons.)

POLICHINELLE

La sotte musique que voilà !
105 *(Violons.)*

POLICHINELLE

La, la, la, la, la, la.

(Violons.)

POLICHINELLE

La, la, la, la, la, la.

(Violons.)

POLICHINELLE

110 *La, la, la, la, la, la, la, la.*

(Violons.)

POLICHINELLE

La, la, la, la, la.

(Violons.)

POLICHINELLE

La, la, la, la, la, la.
115 *(Violons.)*

Polichinelle

Par ma foi ! cela me divertit. Poursuivez, Messieurs les Violons, vous me ferez plaisir. Allons donc, continuez. Je vous en prie. Voilà le moyen de les faire taire. La musique est accoutumée à ne point faire ce qu'on veut. Ho sus, à nous ! Avant que de chanter, il faut que je prélude[1] un peu, et joue quelque pièce, afin de mieux prendre mon ton. Plan, plan, plan. Plin, plin, plin. Voilà un temps fâcheux pour mettre un luth[2] d'accord. Plin, plin, plin. Plin tan plan. Plin, plin. Les cordes ne tiennent point par ce temps-là. Plin, plan. J'entends du bruit, mettons mon luth contre la porte.

Archers[3]

Qui va là, qui va là ?

Polichinelle

Qui diable est cela ? Est-ce que c'est la mode de parler en musique ?

Archers

Qui va là, qui va là, qui va là ?

Polichinelle

Moi, moi, moi.

Archers

Qui va là, qui va là ? vous dis-je.

Polichinelle

Moi, moi, vous dis-je.

---

1. Que je prélude : que j'essaye ma voix.
2. Luth : instrument à cordes.
3. Archers : agents de police.

ARCHERS
130 Et qui toi ? et qui toi ?

POLICHINELLE
Moi, moi, moi, moi, moi, moi.

ARCHERS
Dis ton nom, dis ton nom, sans davantage attendre.

POLICHINELLE
Mon nom est : « Va te faire pendre. »

ARCHERS
Ici, camarade, ici.
135 Saisissons l'insolent qui nous répond ainsi.

ENTRÉE DE BALLET
Tout le Guet vient, qui cherche Polichinelle dans la nuit.

(Violons et danseurs.)

POLICHINELLE
Qui va là ?

(Violons et danseurs.)

POLICHINELLE
Qui sont les coquins que j'entends ?

(Violons et danseurs.)

POLICHINELLE
Euh ?

(Violons et danseurs.)

Premier intermède

POLICHINELLE
Holà, mes laquais[1], mes gens !

(Violons et danseurs.)

POLICHINELLE
Par la mort !

(Violons et danseurs.)

POLICHINELLE
Par la sang !

(Violons et danseurs.)

POLICHINELLE
J'en jetterai par terre.

(Violons et danseurs.)

POLICHINELLE
Champagne, Poitevin, Picard, Basque, Breton[2] !

(Violons et danseurs.)

POLICHINELLE
Donnez-moi mon mousqueton[3].

(Violons et danseurs.)

---

1. Laquais : valets en livrée.
2. Champagne, Poitevin, Picard, Basque, Breton : noms des valets que Polichinelle fait semblant d'avoir. Ils portaient souvent le nom de leur région d'origine.
3. Mousqueton : pistolet à canon court.

Le Malade imaginaire

POLICHINELLE *tire un coup de pistolet.*

Poue.

(Ils tombent tous et s'enfuient.)

POLICHINELLE

Ah, ah, ah, ah, comme je leur ai donné l'épouvante ! Voilà de sottes gens d'avoir peur de moi, qui ai peur des autres. Ma foi ! il n'est que de jouer d'adresse en ce monde. Si je n'avais tranché du[1] grand seigneur, et n'avais fait le brave, ils n'auraient pas manqué de me happer. Ah, ah, ah.

ARCHERS

Nous le tenons. À nous, camarades, à nous :
Dépêchez, de la lumière.

BALLET

Tout le Guet vient avec des lanternes.

ARCHERS

Ah, traître ! ah, fripon ! c'est donc vous ?
Faquin, maraud[2], pendard, impudent, téméraire,
Insolent, effronté, coquin, filou, voleur,
Vous osez nous faire peur ?

POLICHINELLE

Messieurs, c'est que j'étais ivre.

---

1. Si je n'avais tranché du : si je n'avais pas fait semblant d'être le.
2. Faquin, maraud : injures à l'encontre de gens vils.

Archers

Non, non, non, point de raison ;
Il faut vous apprendre à vivre.
En prison, vite, en prison.

Polichinelle

Messieurs, je ne suis point voleur.

Archers

175 *En prison.*

Polichinelle

Je suis un bourgeois de la ville.

Archers

En prison.

Polichinelle

Qu'ai-je fait ?

Archers

En prison, vite, en prison.

Polichinelle

180 *Messieurs, laissez-moi aller.*

Archers

Non.

Polichinelle

Je vous prie.

Archers

Non.

Polichinelle

Eh !

Archers

185 *Non.*

Polichinelle

De grâce.

Archers

Non, non.

Polichinelle

Messieurs.

Archers

Non, non, non.

Polichinelle

190 *S'il vous plaît.*

Archers

Non, non.

Polichinelle

Par charité.

Archers

Non, non.

Polichinelle

Au nom du Ciel !

Archers

195 *Non, non.*

Polichinelle

Miséricorde !

Archers

Non, non, non, point de raison ;
Il faut vous apprendre à vivre.
En prison, vite, en prison.

Polichinelle

200 *Eh ! n'est-il rien, Messieurs, qui soit capable d'attendrir vos âmes ?*

Archers

Il est aisé de nous toucher,
Et nous sommes humains plus qu'on ne saurait croire ;
Donnez-nous doucement six pistoles[1] pour boire,
Nous allons vous lâcher.

Polichinelle

205 *Hélas ! Messieurs, je vous assure que je n'ai pas un sou sur moi.*

---

1. Pistoles : pièces d'or (une pièce valait onze livres et quelques sous).

Archers

Au défaut de six pistoles,
Choisissez donc sans façon
D'avoir trente croquignoles[1],
Ou douze coups de bâton.

Polichinelle

Si c'est une nécessité, et qu'il faille en passer par là, je choisis les croquignoles.

Archers

Allons, préparez-vous,
Et comptez bien les coups.

BALLET

Les Archers danseurs lui donnent des croquignoles en cadence.

Polichinelle

Un et deux, trois et quatre, cinq et six, sept et huit, neuf et dix, onze et douze, et treize, et quatorze, et quinze.

Archers

Ah, ah, vous en voulez passer :
Allons, c'est à recommencer.

Polichinelle

Ah! Messieurs, ma pauvre tête n'en peut plus, et vous venez de me la rendre comme une pomme cuite. J'aime mieux encore les coups de bâton que de recommencer.

---

1. Croquignoles : chiquenaudes données sur la tête ou le nez.

Archers

Soit ! puisque le bâton est pour vous plus charmant,
Vous aurez contentement.

BALLET

Les Archers danseurs lui donnent des coups de bâton en cadence.

Polichinelle rossé, premier intermède,
illustration de Maurice Leloir, 1896, Émile Testard éditeur.

Polichinelle

Un, deux, trois, quatre, cinq, six, ah, ah, ah, je n'y saurais plus résister.
Tenez, Messieurs, voilà six pistoles que je vous donne.

Archers

Ah, l'honnête homme ! Ah, l'âme noble et belle !
Adieu, seigneur, adieu, seigneur Polichinelle.

Polichinelle

230   *Messieurs, je vous donne le bonsoir.*

Archers

Adieu, seigneur, adieu, seigneur Polichinelle.

Polichinelle

Votre serviteur.

Archers

Adieu, seigneur, adieu, seigneur Polichinelle.

Polichinelle

Très humble valet.

Archers

235   *Adieu, seigneur, adieu, seigneur Polichinelle.*

Polichinelle

Jusqu'au revoir.

BALLET

Ils dansent tous, en réjouissance de l'argent qu'ils ont reçu.
Le théâtre change et représente la même chambre.

Acte II

Scène première
TOINETTE, CLÉANTE

TOINETTE. – Que demandez-vous, Monsieur ?
CLÉANTE. – Ce que je demande ?
TOINETTE. – Ah, ah, c'est vous ? Quelle surprise ! Que venez-vous faire céans[1] ?
CLÉANTE. – Savoir ma destinée, parler à l'aimable Angélique, consulter les sentiments de son cœur, et lui demander ses résolutions sur ce mariage fatal dont on m'a averti.
TOINETTE. – Oui, mais on ne parle pas comme cela de but en blanc à Angélique : il y faut des mystères[2], et l'on vous a dit l'étroite garde où elle est retenue, qu'on ne la laisse ni sortir, ni parler à personne, et que ce ne fut que la curiosité d'une vieille tante qui nous fit accorder la liberté d'aller à cette comédie qui donna lieu à la naissance de votre passion ; et nous nous sommes bien gardées de parler de cette aventure.
CLÉANTE. – Aussi ne viens-je pas ici comme Cléante et sous l'apparence de son amant, mais comme ami de son maître de

---

1. **Céans** : ici dedans.
2. **Il y faut des mystères** : il faut rester discret.

musique, dont j'ai obtenu le pouvoir de dire qu'il m'envoie à sa place.

TOINETTE. – Voici son père. Retirez-vous un peu, et me laissez lui dire que vous êtes là.

Scène 2

ARGAN, TOINETTE, CLÉANTE

ARGAN. – Monsieur Purgon m'a dit de me promener le matin dans ma chambre, douze allées, et douze venues; mais j'ai oublié à lui demander si c'est en long, ou en large.

TOINETTE. – Monsieur, voilà un…

ARGAN. – Parle bas, pendarde: tu viens m'ébranler tout le cerveau, et tu ne songes pas qu'il ne faut point parler si haut à des malades.

TOINETTE. – Je voulais vous dire, Monsieur…

ARGAN. – Parle bas, te dis-je.

TOINETTE. – Monsieur… *(Elle fait semblant de parler.)*

ARGAN. – Eh?

TOINETTE. – Je vous dis que… *(Elle fait semblant de parler.)*

ARGAN. – Qu'est-ce que tu dis?

TOINETTE, *haut.* – Je dis que voilà un homme qui veut parler à vous.

ARGAN. – Qu'il vienne.

Toinette fait signe à Cléante d'avancer.

CLÉANTE. – Monsieur…

TOINETTE, *raillant.* – Ne parlez pas si haut, de peur d'ébranler le cerveau de Monsieur.

CLÉANTE. – Monsieur, je suis ravi de vous trouver debout et de voir que vous vous portez mieux.

TOINETTE, *feignant d'être en colère.* – Comment « qu'il se porte mieux » ? Cela est faux : Monsieur se porte toujours mal.

CLÉANTE. – J'ai ouï dire que Monsieur était mieux, et je lui trouve bon visage.

TOINETTE. – Que voulez-vous dire avec votre bon visage ? Monsieur l'a fort mauvais, et ce sont des impertinents qui vous ont dit qu'il était mieux. Il ne s'est jamais si mal porté.

ARGAN. – Elle a raison.

TOINETTE. – Il marche, dort, mange, et boit tout comme les autres ; mais cela n'empêche pas qu'il ne soit fort malade.

ARGAN. – Cela est vrai.

CLÉANTE. – Monsieur, j'en suis au désespoir. Je viens de la part du maître à chanter de Mademoiselle votre fille. Il s'est vu obligé d'aller à la campagne pour quelques jours ; et comme son ami intime[1], il m'envoie à sa place pour lui continuer ses leçons, de peur qu'en les interrompant elle ne vînt à oublier ce qu'elle sait déjà.

ARGAN. – Fort bien. Appelez Angélique.

TOINETTE. – Je crois, Monsieur, qu'il sera mieux de mener Monsieur à sa chambre.

ARGAN. – Non ; faites-la venir.

TOINETTE. – Il ne pourra lui donner leçon comme il faut, s'ils ne sont en particulier[2].

ARGAN. – Si fait, si fait.

---

1. Comme son ami intime : comme je suis son ami intime.

2. En particulier : en tête à tête.

TOINETTE. — Monsieur, cela ne fera que vous étourdir, et il ne faut rien pour vous émouvoir en l'état où vous êtes, et vous ébranler le cerveau.

ARGAN. — Point, point : j'aime la musique, et je serai bien aise de… Ah ! la voici. Allez-vous-en voir, vous, si ma femme est habillée.

Scène 3

ARGAN, ANGÉLIQUE, CLÉANTE

ARGAN. — Venez, ma fille : votre maître de musique est allé aux champs, et voilà une personne qu'il envoie à sa place pour vous montrer.

ANGÉLIQUE. — Ah, Ciel !

ARGAN. — Qu'est-ce ? d'où vient cette surprise ?

ANGÉLIQUE. — C'est…

ARGAN. — Quoi ? qui[1] vous émeut de la sorte ?

ANGÉLIQUE. — C'est, mon père, une aventure surprenante qui se rencontre ici.

ARGAN. — Comment ?

ANGÉLIQUE. — J'ai songé cette nuit que j'étais dans le plus grand embarras du monde, et qu'une personne faite tout comme Monsieur s'est présentée à moi, à qui j'ai demandé secours, et qui m'est venue tirer de la peine où j'étais ; et ma surprise a été grande de voir inopinément[2], en arrivant ici, ce que j'ai eu dans l'idée toute la nuit.

---

1. Qui : qu'est-ce qui.
2. Inopinément : de façon inattendue.

CLÉANTE. – Ce n'est pas être malheureux que d'occuper votre pensée, soit en dormant, soit en veillant, et mon bonheur serait grand sans doute si vous étiez dans quelque peine dont vous me jugeassiez digne de vous tirer ; et il n'y a rien que je ne fisse pour…

Scène 4

TOINETTE, CLÉANTE, ANGÉLIQUE, ARGAN

TOINETTE, *par dérision*[1]. – Ma foi, Monsieur, je suis pour vous[2] maintenant, et je me dédis de[3] tout ce que je disais hier. Voici Monsieur Diafoirus le père, et Monsieur Diafoirus le fils, qui viennent vous rendre visite. Que vous serez bien engendré[4] ! Vous allez voir le garçon le mieux fait du monde, et le plus spirituel. Il n'a dit que deux mots, qui m'ont ravie, et votre fille va être charmée de lui.

ARGAN, *à Cléante, qui feint de vouloir s'en aller.* – Ne vous en allez point, Monsieur. C'est que je marie ma fille ; et voilà qu'on lui amène son prétendu mari, qu'elle n'a point encore vu.

CLÉANTE. – C'est m'honorer beaucoup, Monsieur, de vouloir que je sois témoin d'une entrevue si agréable.

ARGAN. – C'est le fils d'un habile médecin, et le mariage se fera dans quatre jours.

---

1. Dérision : moquerie.

2. Je suis pour vous : je suis de votre côté.

3. Je me dédis de : je renie, retire.

4. Jeu de mots sur le verbe « engendrer ». Toinette l'entend ici au sens de « avoir un gendre ».

110 CLÉANTE. – Fort bien.

ARGAN. – Mandez-le[1] un peu à son maître de musique, afin qu'il se trouve à la noce.

CLÉANTE. – Je n'y manquerai pas.

ARGAN. – Je vous y prie aussi.

115 CLÉANTE. – Vous me faites beaucoup d'honneur.

TOINETTE. – Allons, qu'on se range, les voici.

Scène 5

MONSIEUR DIAFOIRUS, THOMAS DIAFOIRUS,
ARGAN, ANGÉLIQUE, CLÉANTE, TOINETTE

ARGAN, *mettant la main à son bonnet sans l'ôter*. – Monsieur Purgon, Monsieur, m'a défendu de découvrir ma tête. Vous êtes du métier, vous savez les conséquences.

120 MONSIEUR DIAFOIRUS. – Nous sommes dans toutes nos visites pour porter secours aux malades, et non pour leur porter de l'incommodité.

ARGAN. – Je reçois, Monsieur…

Ils parlent tous deux en même temps, s'interrompent et confondent.

125 MONSIEUR DIAFOIRUS. – Nous venons ici, Monsieur…

ARGAN. – Avec beaucoup de joie…

MONSIEUR DIAFOIRUS. – Mon fils Thomas et moi…

ARGAN. – L'honneur que vous me faites…

MONSIEUR DIAFOIRUS. – Vous témoigner, Monsieur…

130 ARGAN. – Et j'aurais souhaité…

MONSIEUR DIAFOIRUS. – Le ravissement où nous sommes…

---

1. Mandez-le : faites-le savoir.

ARGAN. – De pouvoir aller chez vous…
MONSIEUR DIAFOIRUS. – De la grâce que vous nous faites…
ARGAN. – Pour vous en assurer…
135 MONSIEUR DIAFOIRUS. – De vouloir bien nous recevoir…
ARGAN. – Mais vous savez, Monsieur…
MONSIEUR DIAFOIRUS. – Dans l'honneur, Monsieur…
ARGAN. – Ce que c'est qu'un pauvre malade…
MONSIEUR DIAFOIRUS. – De votre alliance…
140 ARGAN. – Qui ne peut faire autre chose…
MONSIEUR DIAFOIRUS. – Et vous assurer…
ARGAN. – Que de vous dire ici…
MONSIEUR DIAFOIRUS. – Que dans les choses qui dépendront de notre métier…
145 ARGAN. – Qu'il cherchera toutes les occasions…
MONSIEUR DIAFOIRUS. – De même qu'en toute autre…
ARGAN. – De vous faire connaître, Monsieur…
MONSIEUR DIAFOIRUS. – Nous serons toujours prêts, Monsieur…
ARGAN. – Qu'il est tout à votre service…
150 MONSIEUR DIAFOIRUS. – À vous témoigner notre zèle. *(Il se retourne vers son fils et lui dit.)* Allons, Thomas, avancez. Faites vos compliments.
THOMAS DIAFOIRUS *est un grand benêt[1], nouvellement sorti des Écoles, qui fait toutes choses de mauvaise grâce[2] et à contretemps.* –
155 N'est-ce pas par le père qu'il convient commencer ?
MONSIEUR DIAFOIRUS. – Oui.
THOMAS DIAFOIRUS. – Monsieur, je viens saluer, reconnaître, chérir, et révérer en vous un second père ; mais un second

---

1. Benêt : niais, sot.
2. De mauvaise grâce : en se faisant prier, sous la contrainte.

père auquel j'ose dire que je me trouve plus redevable qu'au premier. Le premier m'a engendré ; mais vous m'avez choisi. Il m'a reçu par nécessité ; mais vous m'avez accepté par grâce. Ce que je tiens de lui est un ouvrage de son corps ; mais ce que je tiens de vous est un ouvrage de votre volonté ; et d'autant plus que les facultés spirituelles sont au-dessus des corporelles, d'autant plus je vous dois, et d'autant plus je tiens précieuse cette future filiation, dont je viens aujourd'hui vous rendre par avance les très humbles et très respectueux hommages.

TOINETTE. – Vivent les collèges, d'où l'on sort si habile homme !

THOMAS DIAFOIRUS. – Cela a-t-il bien été, mon père ?

MONSIEUR DIAFOIRUS. – *Optime*[1].

ARGAN, *à Angélique.* – Allons, saluez Monsieur.

THOMAS DIAFOIRUS. – Baiserai-je[2] ?

MONSIEUR DIAFOIRUS. – Oui, oui.

THOMAS DIAFOIRUS, *à Angélique.* – Madame, c'est avec justice que le Ciel vous a concédé le nom de belle-mère, puisque l'on…

ARGAN. – Ce n'est pas ma femme, c'est ma fille à qui vous parlez.

THOMAS DIAFOIRUS. – Où donc est-elle ?

ARGAN. – Elle va venir.

THOMAS DIAFOIRUS. – Attendrai-je, mon père, qu'elle soit venue ?

MONSIEUR DIAFOIRUS. – Faites toujours le compliment de Mademoiselle.

---

1. *Optime* : très bien (en latin).

2. Baiserai-je : embrasserai-je. Thomas en demande l'autorisation par politesse ; il peut d'ailleurs s'agir d'un baiser sur les lèvres.

THOMAS DIAFOIRUS. – Mademoiselle, ne plus ne moins[1] que la statue de Memnon rendait un son harmonieux, lorsqu'elle venait à être éclairée des rayons du soleil[2] : tout de même[3] me sens-je animé d'un doux transport à l'apparition du soleil de vos beautés. Et comme les naturalistes remarquent que la fleur nommée héliotrope tourne sans cesse vers cet astre du jour, aussi mon cœur dores-en-avant[4] tournera-t-il toujours vers les astres resplendissants de vos yeux adorables, ainsi que vers son pôle unique. Souffrez donc, Mademoiselle, que j'appende[5] aujourd'hui à l'autel de vos charmes l'offrande de ce cœur, qui ne respire ni n'ambitionne autre gloire, que d'être toute sa vie, Mademoiselle, votre très humble, très obéissant et très fidèle serviteur et mari.

TOINETTE, *en le raillant*. – Voilà ce que c'est que d'étudier, on apprend à dire de belles choses.

ARGAN. – Eh ! que dites-vous de cela ?

CLÉANTE. – Que Monsieur fait merveilles, et que s'il est aussi bon médecin qu'il est bon orateur, il y aura plaisir à être de ses malades.

TOINETTE. – Assurément. Ce sera quelque chose d'admirable s'il fait d'aussi belles cures[6] qu'il fait de beaux discours.

ARGAN. – Allons vite ma chaise, et des sièges à tout le monde. Mettez-vous là, ma fille. Vous voyez, Monsieur, que tout le

---

[1]. Ne plus ne moins : ni plus ni moins.
[2]. Référence à la légende de la statue de Memnon, fils de l'Aurore, selon les Grecs, qui produisait des sons mélodieux au lever du soleil.
[3]. Tout de même : de la même façon.
[4]. Dores-en-avant : dorénavant.
[5]. Que j'appende : que je suspende.
[6]. Cures : soins, traitements.

Clés
p. 90-91

monde admire Monsieur votre fils, et je vous trouve bien heureux de vous voir un garçon comme cela.

Monsieur Diafoirus. – Monsieur, ce n'est pas parce que je suis son père, mais je puis dire que j'ai sujet d'être content de lui, et que tous ceux qui le voient en parlent comme d'un garçon qui n'a point de méchanceté. Il n'a jamais eu l'imagination bien vive, ni ce feu d'esprit qu'on remarque dans quelques-uns; mais c'est par là que j'ai toujours bien auguré de sa judiciaire[1], qualité requise pour l'exercice de notre art. Lorsqu'il était petit, il n'a jamais été ce qu'on appelle mièvre[2] et éveillé. On le voyait toujours doux, paisible et taciturne[3], ne disant jamais mot, et ne jouant jamais à tous ces petits jeux que l'on nomme enfantins. On eut toutes les peines du monde à lui apprendre à lire, et il avait neuf ans, qu'il ne connaissait pas encore ses lettres. « Bon, disais-je en moi-même, les arbres tardifs sont ceux qui portent les meilleurs fruits; on grave sur le marbre bien plus malaisément que sur le sable; mais les choses y sont conservées bien plus longtemps, et cette lenteur à comprendre, cette pesanteur d'imagination, est la marque d'un bon jugement à venir. » Lorsque je l'envoyai au collège, il trouva de la peine; mais il se raidissait contre[4] les difficultés, et ses régents[5] se louaient toujours à moi de son assiduité, et de son travail. Enfin, à force de battre le fer[6], il en est venu glorieusement

---

1. Sa judiciaire: sa capacité de jugement.
2. Mièvre: ici, malicieux, espiègle.
3. Taciturne: silencieux.
4. Se raidissait contre: montrait du courage face à.
5. Régents: professeurs.
6. Battre le fer: travailler.

à avoir ses licences ; et je puis dire sans vanité que depuis deux ans qu'il est sur les bancs, il n'y a point de candidat qui ait fait plus de bruit que lui dans toutes les disputes[1] de notre École. Il s'y est rendu redoutable, et il ne s'y passe point d'acte[2] où il n'aille argumenter à outrance pour la proposition contraire. Il est ferme dans la dispute, fort comme un Turc sur ses principes, ne démord jamais de son opinion, et poursuit un raisonnement jusque dans les derniers recoins de la logique. Mais sur toute chose ce qui me plaît de lui, et en quoi il suit mon exemple, c'est qu'il s'attache aveuglément aux opinions de nos anciens, et que jamais il n'a voulu comprendre ni écouter les raisons et les expériences des prétendues découvertes de notre siècle, touchant la circulation du sang, et autres opinions de même farine[3].

THOMAS DIAFOIRUS. *Il tire une grande thèse roulée de sa poche, qu'il présente à Angélique.* – J'ai contre les circulateurs[4] soutenu une thèse, qu'avec la permission de Monsieur, j'ose présenter à Mademoiselle, comme un hommage que je lui dois des prémices[5] de mon esprit.

ANGÉLIQUE. – Monsieur, c'est pour moi un meuble[6] inutile, et je ne me connais pas à ces choses-là.

---

1. La « dispute » est un ancien exercice universitaire qui consistait à débattre d'une idée, d'une théorie.

2. Acte : débat public.

3. De même farine : du même genre.

4. Sont appelés « circulateurs » les partisans de la théorie alors nouvelle selon laquelle le sang circule dans le corps.

5. Prémices : premiers travaux. Dans l'Antiquité, on appelait « prémices » les premières céréales récoltées offertes aux dieux.

6. Meuble : objet.

Des clés pour la lecture linéaire

3

Acte II, scène 5 (p. 88-89).
De «Monsieur Diafoirus. – Monsieur, ce n'est pas» (l. 210) à «de même farine» (l. 246).

LA TIRADE DE M. DIAFOIRUS • M. Diafoirus, médecin, présente officiellement son fils Thomas à Argan, qui souhaite le marier à sa fille. Le père, dans une longue tirade, fait de son fils un éloge pour le moins curieux.

Le texte étape par étape

I. Un enfant discret (l. 210-220)

1) Par quelle précaution oratoire M. Diafoirus commence-t-il son discours ? Quel en est le but ?

👍 Analysez l'emploi de la conjonction de subordination «parce que» et de la conjonction de coordination «mais».

2) Quelles qualités le père reconnaît-il à son fils ?

👍 Analysez notamment le propos introduit par l'expression «mais c'est par là que».

3) Quel portrait moral M. Diafoirus fait-il de son fils ?

👍 Relevez les négations et notez les caractéristiques qu'elles mettent en relief.

II. Des débuts laborieux (l. 220-230)

4) Que dit M. Diafoirus de l'apprentissage de la lecture par son fils ?

👍 Repérez une hyperbole et analysez l'effet produit.

5) Expliquez la raison et le contenu du passage entre guillemets.

👍 Analysez les métaphores et la conclusion de M. Diafoirus.

6) Pourquoi peut-on dire que les années de collège de Thomas ont été laborieuses ?

👍 Commentez le champ lexical du travail.

Des clés pour la lecture linéaire

III. Un jeune homme prometteur ? (l. 231-246)

7) Dans quel domaine Thomas s'illustre-t-il ? Relevez les notations mélioratives qui ébauchent un portrait élogieux du jeune homme.

👍 Identifiez une comparaison et deux expressions métaphoriques.

8) Qu'est-ce qui rend le père de Thomas particulièrement fier ?

👍 En quoi suit-il l'« exemple » de son père ?

IV. Conclusion

9) En quoi cette tirade constitue-t-elle une satire de médecins tels que les Diafoirus ?

👍 Relevez des éléments qui en font des caricatures et commentez la façon de parler du père.

La question de grammaire

10) Relevez les négations employées dans cette tirade ainsi que l'adverbe utilisé par certaines d'entre elles et montrez leur efficacité au sein de cet éloge atypique.

👍 Dans une négation, le premier élément « ne » est un adverbe et le second élément peut être quant à lui un adverbe (« pas », « jamais »), un pronom (« rien », « personne ») ou un déterminant (« aucun »).

L'activité d'appropriation

11) PROLONGEMENT ARTISTIQUE • Faites une recherche de 3 à 4 caricatures, comparez-les et déduisez-en quelques principes et visées de la représentation caricaturale.

👍 Recherchez des caricatures de médecins et/ou d'hommes célèbres du XIXe siècle (Hugo, Zola, etc.) ou contemporains.

TOINETTE. – Donnez, donnez, elle est toujours bonne à prendre pour l'image ; cela servira à parer notre chambre.

THOMAS DIAFOIRUS. – Avec la permission aussi de Monsieur, je vous invite à venir voir l'un de ces jours, pour vous divertir, la dissection d'une femme, sur quoi je dois raisonner.

TOINETTE. – Le divertissement sera agréable. Il y en a qui donnent la comédie[1] à leurs maîtresses ; mais donner une dissection est quelque chose de plus galant.

MONSIEUR DIAFOIRUS. – Au reste, pour ce qui est des qualités requises pour le mariage et la propagation[2], je vous assure que, selon les règles de nos docteurs, il est tel qu'on le peut souhaiter, qu'il possède en un degré louable la vertu prolifique[3] et qu'il est du tempérament qu'il faut pour engendrer et procréer des enfants bien conditionnés.

ARGAN. – N'est-ce pas votre intention, Monsieur, de le pousser à la cour, et d'y ménager pour lui une charge de médecin ?

MONSIEUR DIAFOIRUS. – À vous en parler franchement, notre métier auprès des grands[4] ne m'a jamais paru agréable, et j'ai toujours trouvé qu'il valait mieux, pour nous autres, demeurer au public[5]. Le public est commode. Vous n'avez à répondre de vos actions à personne ; et pourvu que l'on suive le courant des règles de l'art, on ne se met point en peine de tout ce qui peut arriver. Mais ce qu'il y a de fâcheux auprès des grands, c'est que, quand ils viennent à être malades, ils veulent absolument que leurs médecins les guérissent.

---

1. Donnent la comédie : emmènent voir des comédies au théâtre.

2. Propagation : fécondité.

3. Vertu prolifique : capacité à avoir des enfants.

4. Grands : nobles de la cour du roi.

5. Demeurer au public : rester auprès, soigner les gens du peuple.

TOINETTE. – Cela est plaisant, et ils sont bien impertinents de vouloir que vous autres messieurs vous les guérissiez : vous n'êtes point auprès d'eux pour cela ; vous n'y êtes que pour recevoir vos pensions[1], et leur ordonner des remèdes ; c'est à eux de guérir s'ils peuvent.

MONSIEUR DIAFOIRUS. – Cela est vrai. On n'est obligé qu'à traiter les gens dans les formes.

ARGAN, *à Cléante*. – Monsieur, faites un peu chanter ma fille devant la compagnie.

CLÉANTE. – J'attendais vos ordres, Monsieur, et il m'est venu en pensée, pour divertir la compagnie, de chanter avec Mademoiselle une scène d'un petit opéra qu'on a fait depuis peu. Tenez, voilà votre partie[2].

ANGÉLIQUE. – Moi ?

CLÉANTE. – Ne vous défendez point, s'il vous plaît, et me laissez vous faire comprendre ce que c'est que la scène que nous devons chanter. Je n'ai pas une voix à chanter ; mais ici il suffit que je me fasse entendre, et l'on aura la bonté de m'excuser par la nécessité où je me trouve de faire chanter Mademoiselle.

ARGAN. – Les vers en sont-ils beaux ?

CLÉANTE. – C'est proprement ici un petit opéra impromptu[3], et vous n'allez entendre chanter que de la prose cadencée, ou des manières de vers libres[4], tels que la passion et la nécessité peuvent faire trouver à deux personnes qui disent les choses d'eux-mêmes, et parlent sur-le-champ.

---

1. Pensions : salaires.

2. Partie : partition.

3. Impromptu : improvisé.

4. Vers libres : vers irréguliers, qui n'ont pas le même nombre de syllabes.

ARGAN. – Fort bien. Écoutons.

CLÉANTE, *sous le nom d'un berger, explique à sa maîtresse son amour depuis leur rencontre, et ensuite ils s'appliquent leurs pensées[1] l'un à l'autre en chantant.* – Voici le sujet de la scène. Un Berger était attentif aux beautés d'un spectacle, qui ne faisait que commencer, lorsqu'il fut tiré de son attention par un bruit qu'il entendit à ses côtés. Il se retourne, et voit un brutal[2], qui de paroles insolentes maltraitait une Bergère. D'abord il prend les intérêts d'un sexe[3] à qui tous les hommes doivent hommage ; et après avoir donné au brutal le châtiment de son insolence, il vient à la Bergère, et voit une jeune personne qui, des deux plus beaux yeux qu'il eût jamais vus, versait des larmes, qu'il trouva les plus belles du monde. « Hélas ! dit-il en lui-même, est-on capable d'outrager[4] une personne si aimable ? Et quel inhumain, quel barbare ne serait touché par de telles larmes ? » Il prend soin de les arrêter, ces larmes, qu'il trouve si belles ; et l'aimable Bergère prend soin en même temps de le remercier de son léger service, mais d'une manière si charmante, si tendre, et si passionnée, que le Berger n'y peut résister ; et chaque mot, chaque regard, est un trait plein de flamme, dont son cœur se sent pénétré. « Est-il, disait-il, quelque chose qui puisse mériter les aimables paroles d'un tel remerciement ? Et que ne voudrait-on pas faire, à quels services, à quels dangers, ne serait-on pas ravi de courir, pour s'attirer un seul moment des touchantes douceurs

---

1. **Ils s'appliquent leurs pensées** : ils échangent leurs pensées.
2. **Un brutal** : un homme mal élevé, grossier.
3. **Un sexe** : le sexe féminin.
4. **Outrager** : offenser.

d'une âme si reconnaissante ? » Tout le spectacle passe sans qu'il y donne aucune attention ; mais il se plaint qu'il est trop court, parce qu'en finissant il le sépare de son adorable Bergère ; et de cette première vue, de ce premier moment, il emporte chez lui tout ce qu'un amour de plusieurs années peut avoir de plus violent. Le voilà aussitôt à sentir tous les maux de l'absence, et il est tourmenté de ne plus voir ce qu'il a si peu vu. Il fait tout ce qu'il peut pour se redonner cette vue, dont il conserve, nuit et jour, une si chère idée ; mais la grande contrainte où l'on tient sa Bergère lui en ôte tous les moyens. La violence de sa passion le fait résoudre à demander en mariage l'adorable beauté sans laquelle il ne peut plus vivre, et il en obtient d'elle la permission par un billet qu'il a l'adresse de lui faire tenir. Mais dans le même temps on l'avertit que le père de cette belle a conclu son mariage avec un autre, et que tout se dispose pour en célébrer la cérémonie. Jugez quelle atteinte cruelle au cœur de ce triste Berger. Le voilà accablé d'une mortelle douleur. Il ne peut souffrir l'effroyable idée de voir tout ce qu'il aime entre les bras d'un autre ; et son amour au désespoir lui fait trouver moyen de s'introduire dans la maison de sa Bergère, pour apprendre ses sentiments et savoir d'elle la destinée à laquelle il doit se résoudre. Il y rencontre les apprêts[1] de tout ce qu'il craint ; il y voit venir l'indigne rival que le caprice d'un père oppose aux tendresses de son amour. Il le voit triomphant, ce rival ridicule, auprès de l'aimable Bergère, ainsi qu'auprès d'une conquête qui lui est assurée ; et cette vue le remplit d'une colère, dont il a peine à se

---

1. **Apprêts** : préparatifs.

rendre le maître. Il jette de douloureux regards sur celle qu'il adore ; et son respect, et la présence de son père l'empêchent de lui rien dire que des yeux[1]. Mais enfin il force toute contrainte, et le transport de son amour l'oblige à lui parler ainsi :

(Il chante.)

> *Belle Philis, c'est trop, c'est trop souffrir ;*
> *Rompons ce dur silence, et m'ouvrez vos pensées.*
> *Apprenez-moi ma destinée :*
> *Faut-il vivre ? Faut-il mourir ?*

ANGÉLIQUE, *répond en chantant.*
> *Vous me voyez, Tircis, triste et mélancolique,*
> *Aux apprêts de l'hymen[2] dont vous vous alarmez :*
> *Je lève au ciel les yeux, je vous regarde, je soupire,*
> *C'est vous en dire assez.*

ARGAN
Ouais ! je ne croyais pas que ma fille fût si habile que de chanter ainsi à livre ouvert, sans hésiter.

CLÉANTE
> *Hélas ! belle Philis,*
> *Se pourrait-il que l'amoureux Tircis*
> *Eût assez de bonheur,*
> *Pour avoir quelque place dans votre cœur ?*

---

1. L'empêchent de lui rien dire que des yeux : le contraignent à ne s'exprimer qu'avec les yeux.
2. Hymen : mariage.

Angélique
Je ne m'en défends point dans cette peine extrême :
Oui, Tircis, je vous aime.

Cléante
Ô parole pleine d'appas[1] !
Ai-je bien entendu, hélas !
Redites-la, Philis, que je n'en doute pas.

Angélique
Oui, Tircis, je vous aime.

Cléante
De grâce, encor, Philis.

Angélique
Je vous aime.

Cléante
Recommencez cent fois, ne vous en lassez pas.

Angélique
Je vous aime, je vous aime,
Oui, Tircis, je vous aime.

Cléante
Dieux, rois, qui sous vos pieds regardez tout le monde,
Pouvez-vous comparer votre bonheur au mien ?
Mais, Philis, une pensée

---

1. Appas : attraits, promesses.

Vient troubler ce doux transport :
Un rival, un rival...

Angélique
Ah ! je le hais plus que la mort ;
Et sa présence, ainsi qu'à vous,
M'est un cruel supplice.

Cléante
Mais un père à ses vœux vous veut assujettir[1].

Angélique
Plutôt, plutôt mourir,
Que de jamais y consentir ;
Plutôt, plutôt mourir, plutôt mourir.

Argan
Et que dit le père à tout cela ?

Cléante
Il ne dit rien.

Argan
Voilà un sot père que ce père-là, de souffrir toutes ces sottises-là sans rien dire.

Cléante
Ah ! mon amour...

---

1. À ses vœux vous veut assujettir : veut vous soumettre à sa volonté.

Argan

Non, non, en voilà assez. Cette comédie-là est de fort mauvais exemple. Le berger Tircis est un impertinent, et la bergère Philis une impudente, de parler de la sorte devant son père. Montrez-moi ce papier. Ha, ha. Où sont donc les paroles que vous avez dites ? Il n'y a là que de la musique écrite ?

Cléante

Est-ce que vous ne savez pas, Monsieur, qu'on a trouvé depuis peu l'invention d'écrire les paroles avec les notes mêmes ?

Argan

Fort bien. Je suis votre serviteur[1], Monsieur ; jusqu'au revoir. Nous nous serions bien passés de votre impertinent d'opéra.

Cléante

J'ai cru vous divertir.

Argan

Les sottises ne divertissent point. Ah ! voici ma femme.

Scène 6

BÉLINE, ARGAN, TOINETTE, ANGÉLIQUE,
MONSIEUR DIAFOIRUS, THOMAS DIAFOIRUS

ARGAN. – Mamour, voilà le fils de Monsieur Diafoirus.
THOMAS DIAFOIRUS *commence un compliment qu'il avait étudié, et la mémoire lui manquant, il ne peut le continuer.* – Madame,

---

1. Je suis votre serviteur : formule de politesse employée pour prendre congé.

c'est avec justice que le Ciel vous a concédé le nom de belle-mère, puisque l'on voit sur votre visage...

BÉLINE. – Monsieur, je suis ravie d'être venue ici à propos pour avoir l'honneur de vous voir.

THOMAS DIAFOIRUS. – Puisque l'on voit sur votre visage... puisque l'on voit sur votre visage... Madame, vous m'avez interrompu dans le milieu de ma période[1], et cela m'a troublé la mémoire.

MONSIEUR DIAFOIRUS. – Thomas, réservez cela pour une autre fois.

ARGAN. – Je voudrais, mamie, que vous eussiez été ici tantôt.

TOINETTE. – Ah! Madame, vous avez bien perdu de n'avoir point été[2] au second père, à la statue de Memnon, et à la fleur nommée héliotrope.

ARGAN. – Allons, ma fille, touchez dans la main[3] de Monsieur, et lui donnez votre foi, comme à votre mari.

ANGÉLIQUE. – Mon père.

ARGAN. – Hé bien! « Mon père ? » Qu'est-ce que cela veut dire ?

ANGÉLIQUE. – De grâce, ne précipitez pas les choses. Donnez-moi au moins le temps de nous connaître, et de voir naître en nous l'un pour l'autre cette inclination si nécessaire à composer une union parfaite.

THOMAS DIAFOIRUS. – Quant à moi, Mademoiselle, elle est déjà toute née en moi, et je n'ai pas besoin d'attendre davantage.

---

1. Une « période » est une longue phrase à la syntaxe et au rythme travaillés, caractéristique de l'art oratoire.

2. N'avoir point été : n'avoir point entendu.

3. Touchez dans la main : donnez la main (geste qui engage à se marier).

ANGÉLIQUE. — Si vous êtes si prompt, Monsieur, il n'en est pas de même de moi, et je vous avoue que votre mérite n'a pas encore fait assez d'impression dans mon âme.

ARGAN. — Ho bien, bien ! cela aura tout le loisir de se faire quand vous serez mariés ensemble.

ANGÉLIQUE. — Eh ! mon père, donnez-moi du temps, je vous prie. Le mariage est une chaîne où l'on ne doit jamais soumettre un cœur par force ; et si Monsieur est honnête homme, il ne doit point vouloir accepter une personne qui serait à lui par contraire.

THOMAS DIAFOIRUS. — *Nego consequentiam*[1], Mademoiselle, et je puis être honnête et vouloir bien vous accepter des mains de Monsieur votre père.

ANGÉLIQUE. — C'est un méchant[2] moyen de se faire aimer de quelqu'un que de lui faire violence.

THOMAS DIAFOIRUS. — Nous lisons des anciens, Mademoiselle, que leur coutume était d'enlever par force de la maison des pères les filles qu'on menait marier, afin qu'il ne semblât pas que ce fût de leur consentement qu'elles convolaient dans les bras d'un homme.

ANGÉLIQUE. — Les anciens, Monsieur, sont les anciens, et nous sommes les gens de maintenant. Les grimaces ne sont point nécessaires dans notre siècle ; et quand un mariage nous plaît, nous savons fort bien y aller, sans qu'on nous y traîne. Donnez-vous patience : si vous m'aimez, Monsieur, vous devez vouloir tout ce que je veux.

---

1. *Nego consequentiam* : « je nie la conséquence » (en latin).

2. Méchant : mauvais, vil.

THOMAS DIAFOIRUS. – Oui, Mademoiselle, jusqu'aux intérêts de mon amour exclusivement.

ANGÉLIQUE. – Mais la grande marque d'amour, c'est d'être soumis aux volontés de celle qu'on aime.

THOMAS DIAFOIRUS. – *Distinguo*, Mademoiselle : dans ce qui ne regarde point sa possession, *concedo* ; mais dans ce qui la regarde, *nego*[1].

TOINETTE. – Vous avez beau raisonner : Monsieur est frais émoulu[2] du collège, et il vous donnera toujours votre reste[3]. Pourquoi tant résister, et refuser la gloire d'être attachée au corps de la Faculté ?

BÉLINE. – Elle a peut-être quelque inclination en tête.

ANGÉLIQUE. – Si j'en avais, Madame, elle serait telle que la raison et l'honnêteté pourraient me la permettre.

ARGAN. – Ouais ! je joue ici un plaisant personnage.

BÉLINE. – Si j'étais que de vous[4], mon fils, je ne la forcerais point à se marier, et je sais bien ce que je ferais.

ANGÉLIQUE. – Je sais, Madame, ce que vous voulez dire et les bontés que vous avez pour moi ; mais peut-être que vos conseils ne seront pas assez heureux pour être exécutés.

BÉLINE. – C'est que les filles bien sages et bien honnêtes, comme vous, se moquent d'être obéissantes, et soumises aux volontés de leurs pères. Cela était bon autrefois.

ANGÉLIQUE. – Le devoir d'une fille a des bornes, Madame, et la raison et les lois ne l'étendent point à toutes sortes de choses.

---

1. *Distinguo* : « je fais une distinction ». *Concedo* : « j'admets ». *Nego* : « je nie ». Ces termes latins étaient utilisés dans les disputes rhétoriques.

2. Frais émoulu : récemment diplômé.

3. Vous donnera toujours votre reste : aura toujours le dernier mot.

4. Si j'étais que de vous : si j'étais vous.

BÉLINE. – C'est-à-dire que vos pensées ne sont que pour le mariage ; mais vous voulez choisir un époux à votre fantaisie.

ANGÉLIQUE. – Si mon père ne veut pas me donner un mari qui me plaise, je le conjurerai[1] au moins de ne me point forcer à en épouser un que je ne puisse pas aimer.

ARGAN. – Messieurs, je vous demande pardon de tout ceci.

ANGÉLIQUE. – Chacun a son but en se mariant. Pour moi, qui ne veux un mari que pour l'aimer véritablement, et qui prétends en faire tout l'attachement de ma vie, je vous avoue que j'y cherche quelque précaution. Il y en a d'aucunes qui prennent des maris seulement pour se tirer de la contrainte de leurs parents, et se mettre en état de faire tout ce qu'elles voudront. Il y en a d'autres, Madame, qui font du mariage un commerce[2] de pur intérêt, qui ne se marient que pour gagner des douaires[3], que pour s'enrichir par la mort de ceux qu'elles épousent, et courent sans scrupule de mari en mari, pour s'approprier leurs dépouilles. Ces personnes-là, à la vérité, n'y cherchent pas tant de façons, et regardent peu la personne.

BÉLINE. – Je vous trouve aujourd'hui bien raisonnante[4], et je voudrais bien savoir ce que vous voulez dire par là.

ANGÉLIQUE. – Moi, Madame, que voudrais-je dire que ce que je dis ?

BÉLINE. – Vous êtes si sotte, mamie, qu'on ne saurait plus vous souffrir.

---

1. **Conjurerai** : supplierai.

2. **Un commerce** : une relation.

3. **Douaires** : revenus assurés à une épouse devenue veuve.

4. **Raisonnante** : raisonneuse.

ANGÉLIQUE. – Vous voudriez bien, Madame, m'obliger à vous répondre quelque impertinence ; mais je vous avertis que vous n'aurez pas cet avantage.

525 BÉLINE. – Il n'est rien d'égal à votre insolence.

ANGÉLIQUE. – Non, Madame, vous avez beau dire.

BÉLINE. – Et vous avez un ridicule orgueil, une impertinente présomption[1] qui fait hausser les épaules à tout le monde.

530 ANGÉLIQUE. – Tout cela, Madame, ne servira de rien. Je serai sage en dépit de vous ; et pour vous ôter l'espérance de pouvoir réussir dans ce que vous voulez, je vais m'ôter de votre vue.

ARGAN. – Écoute, il n'y a point de milieu à cela : choisis
535 d'épouser dans quatre jours, ou Monsieur, ou un convent. Ne vous mettez pas en peine, je la rangerai bien.

BÉLINE. – Je suis fâchée de vous quitter, mon fils, mais j'ai une affaire en ville, dont je ne puis me dispenser. Je reviendrai bientôt.

540 ARGAN. – Allez, mamour, et passez chez votre notaire, afin qu'il expédie ce que vous savez.

BÉLINE. – Adieu, mon petit ami.

ARGAN. – Adieu, mamie. Voilà une femme qui m'aime... cela n'est pas croyable.

545 MONSIEUR DIAFOIRUS. – Nous allons, Monsieur, prendre congé de vous.

ARGAN. – Je vous prie, Monsieur, de me dire un peu comment je suis.

---

1. Présomption : arrogance.

Monsieur Diafoirus *lui tâte le pouls*. – Allons, Thomas, prenez l'autre bras de Monsieur, pour voir si vous saurez porter un bon jugement de son pouls. *Quid dicis*[1] ?

Thomas Diafoirus. – *Dico*[2] que le pouls de Monsieur est le pouls d'un homme qui ne se porte point bien.

Monsieur Diafoirus. – Bon.

Thomas Diafoirus. – Qu'il est *duriuscule*[3], pour ne pas dire dur.

Monsieur Diafoirus. – Fort bien.

Thomas Diafoirus. – Repoussant[4].

Monsieur Diafoirus. – *Bene*[5].

Thomas Diafoirus. – Et même un peu caprisant[6].

Monsieur Diafoirus. – *Optime*.

Thomas Diafoirus. – Ce qui marque une intempérie[7] dans le *parenchyme splénique*[8], c'est-à-dire la rate.

Monsieur Diafoirus. – Fort bien.

Argan. – Non : Monsieur Purgon dit que c'est mon foie qui est malade.

Monsieur Diafoirus. – Eh! oui : qui dit *parenchyme*, dit l'un et l'autre, à cause de l'étroite sympathie[9] qu'ils ont ensemble, par le moyen du *vas breve du pylore*, et souvent

---

1. *Quid dicis* : « que dis-tu » (en latin).
2. *Dico* : « je dis » (en latin).
3. *Duriuscule* : « un peu dur » (en latin).
4. Repoussant : qui bat fort.
5. *Bene* : « bien » (en latin).
6. Caprisant : irrégulier (comme les sauts d'une chèvre, du latin *capra*).
7. Intempérie : dérèglement.
8. *Parenchyme splénique* : tissu de la rate.
9. Sympathie : relation.

des *méats cholidoques*[1]. Il vous ordonne sans doute de manger force[2] rôti ?

ARGAN. – Non, rien que du bouilli.

MONSIEUR DIAFOIRUS. – Eh ! oui : rôti, bouilli, même chose. Il vous ordonne fort prudemment, et vous ne pouvez être en de meilleures mains.

ARGAN. – Monsieur, combien est-ce qu'il faut mettre de grains de sel dans un œuf ?

MONSIEUR DIAFOIRUS. – Six, huit, dix, par les nombres pairs ; comme dans les médicaments, par les nombres impairs.

ARGAN. – Jusqu'au revoir, Monsieur.

Scène 7

BÉLINE, ARGAN

BÉLINE. – Je viens, mon fils, avant que de sortir, vous donner avis d'une chose à laquelle il faut que vous preniez garde. En passant par-devant la chambre d'Angélique, j'ai vu un jeune homme avec elle, qui s'est sauvé d'abord[3] qu'il m'a vue.

ARGAN. – Un jeune homme avec ma fille ?

BÉLINE. – Oui. Votre petite fille Louison était avec eux, qui pourra vous en dire des nouvelles.

ARGAN. – Envoyez-la ici, mamour, envoyez-la ici. Ah, l'effrontée ! je ne m'étonne plus de sa résistance.

---

1. *Vas breve du pylore*, *méats cholidoques* : orifices qui laissent passer la bile.
2. Force : beaucoup de.
3. D'abord : dès.

Scène 8

Louison, Argan

LOUISON. – Qu'est-ce que vous voulez, mon papa ? Ma belle-maman m'a dit que vous me demandez.

ARGAN. – Oui, venez çà, avancez là. Tournez-vous, levez les yeux, regardez-moi. Eh !

LOUISON. – Quoi, mon papa ?

ARGAN. – Là.

LOUISON. – Quoi ?

ARGAN. – N'avez-vous rien à me dire ?

LOUISON. – Je vous dirai, si vous voulez, pour vous désennuyer, le conte de *Peau d'âne*, ou bien la fable du *Corbeau et du Renard*, qu'on m'a apprise depuis peu.

ARGAN. – Ce n'est pas là ce que je demande.

LOUISON. – Quoi donc ?

ARGAN. – Ah ! rusée, vous savez bien ce que je veux dire.

LOUISON. – Pardonnez-moi, mon papa.

ARGAN. – Est-ce là comme vous m'obéissez ?

LOUISON. – Quoi ?

ARGAN. – Ne vous ai-je pas recommandé de me venir dire d'abord tout ce que vous voyez ?

LOUISON. – Oui, mon papa.

ARGAN. – L'avez-vous fait ?

LOUISON. – Oui, mon papa. Je vous suis venue dire tout ce que j'ai vu.

ARGAN. – Et n'avez-vous rien vu aujourd'hui ?

LOUISON. – Non, mon papa.

ARGAN. – Non ?

LOUISON. – Non, mon papa.

ARGAN. – Assurément ?

LOUISON. – Assurément.

ARGAN. – Oh çà ! je m'en vais vous faire voir quelque chose, moi.

Il va prendre une poignée de verges[1].

LOUISON. – Ah ! mon papa.

ARGAN. – Ah, ah ! petite masque[2], vous ne me dites pas que vous avez vu un homme dans la chambre de votre sœur ?

LOUISON. – Mon papa !

ARGAN. – Voici qui vous apprendra à mentir.

LOUISON *se jette à genoux*. – Ah ! mon papa, je vous demande pardon. C'est que ma sœur m'avait dit de ne pas vous le dire ; mais je m'en vais vous dire tout.

ARGAN. – Il faut premièrement que vous ayez le fouet pour avoir menti. Puis après nous verrons au reste.

LOUISON. – Pardon, mon papa !

ARGAN. – Non, non.

LOUISON. – Mon pauvre papa, ne me donnez pas le fouet !

ARGAN. – Vous l'aurez.

LOUISON. – Au nom de Dieu ! mon papa, que je ne l'aie pas.

ARGAN, *la prenant pour la fouetter*. – Allons, allons.

LOUISON. – Ah ! mon papa, vous m'avez blessée. Attendez : je suis morte.

Elle contrefait[3] la morte.

ARGAN. – Holà ! Qu'est-ce là ? Louison, Louison. Ah, mon Dieu ! Louison. Ah ! ma fille ! Ah ! malheureux, ma pauvre fille est morte. Qu'ai-je fait, misérable ! Ah ! chiennes de

---

1. Verges : fines baguettes utilisées pour châtier les enfants.

2. Petite masque : petite hypocrite.

3. Contrefait : imite.

verges. La peste soit des verges ! Ah ! ma pauvre fille, ma pauvre petite Louison.

645 LOUISON. – Là, là, mon papa, ne pleurez point tant, je ne suis pas morte tout à fait.

ARGAN. – Voyez-vous la petite rusée ? Oh çà, çà ! je vous pardonne pour cette fois-ci, pourvu que vous me disiez bien tout.

LOUISON. – Ho ! oui, mon papa.

650 ARGAN. – Prenez-y bien garde au moins, car voilà un petit doigt qui sait tout, qui me dira si vous mentez.

LOUISON. – Mais, mon papa, ne dites pas à ma sœur que je vous l'ai dit.

ARGAN. – Non, non.

655 LOUISON. – C'est, mon papa, qu'il est venu un homme dans la chambre de ma sœur comme j'y étais.

ARGAN. – Hé bien ?

LOUISON. – Je lui ai demandé ce qu'il demandait, et il m'a dit qu'il était son maître à chanter.

660 ARGAN. – Hon, hon. Voilà l'affaire. Hé bien ?

LOUISON. – Ma sœur est venue après.

ARGAN. – Hé bien ?

LOUISON. – Elle lui a dit : « Sortez, sortez, sortez, mon Dieu ! sortez ; vous me mettez au désespoir. »

665 ARGAN. – Hé bien ?

LOUISON. – Et lui, il ne voulait pas sortir.

ARGAN. – Qu'est-ce qu'il lui disait ?

LOUISON. – Il lui disait je ne sais combien de choses.

ARGAN. – Et quoi encore ?

670 LOUISON. – Il lui disait tout ci, tout ça, qu'il l'aimait bien, et qu'elle était la plus belle du monde.

ARGAN. – Et puis après ?

LOUISON. – Et puis après, il se mettait à genoux devant elle.

ARGAN. – Et puis après ?

675 LOUISON. – Et puis après, il lui baisait les mains.

ARGAN. – Et puis après ?

LOUISON. – Et puis après, ma belle-maman est venue à la porte, et il s'est enfui.

ARGAN. – Il n'y a point autre chose ?

680 LOUISON. – Non, mon papa.

ARGAN. – Voilà mon petit doigt pourtant qui gronde quelque chose. *(Il met son doigt à son oreille.)* Attendez. Eh ! ah, ah ! oui ? Oh, oh ! voilà mon petit doigt qui me dit quelque chose que vous avez vu, et que vous ne m'avez pas dit.

685 LOUISON. – Ah ! mon papa, votre petit doigt est un menteur.

ARGAN. – Prenez garde.

LOUISON. – Non, mon papa, ne le croyez pas, il ment, je vous assure.

ARGAN. – Oh bien, bien ! nous verrons cela. Allez-vous-en, et
690 prenez bien garde à tout : allez. Ah ! il n'y a plus d'enfants[1]. Ah ! que d'affaires ! je n'ai pas seulement le loisir de songer à ma maladie. En vérité, je n'en puis plus.

Il se remet dans sa chaise.

---

1. Il n'y a plus d'enfants : les enfants ne sont plus ce qu'ils étaient (ou devraient être). Argan déplore l'irrespect de sa fille.

Scène 9

BÉRALDE, ARGAN

BÉRALDE. – Hé bien! mon frère, qu'est-ce? comment vous portez-vous?

ARGAN. – Ah! mon frère, fort mal.

BÉRALDE. – Comment « fort mal »?

ARGAN. – Oui, je suis dans une faiblesse si grande que cela n'est pas croyable.

BÉRALDE. – Voilà qui est fâcheux.

ARGAN. – Je n'ai pas seulement la force de pouvoir parler.

BÉRALDE. – J'étais venu ici, mon frère, vous proposer un parti[1] pour ma nièce Angélique.

ARGAN, *parlant avec emportement, et se levant de sa chaise.* – Mon frère, ne me parlez point de cette coquine-là. C'est une fripponne, une impertinente, une effrontée, que je mettrai dans un convent avant qu'il soit deux jours.

BÉRALDE. – Ah! voilà qui est bien: je suis bien aise que la force vous revienne un peu, et que ma visite vous fasse du bien. Oh çà! nous parlerons d'affaires tantôt[2]. Je vous amène ici un divertissement[3], que j'ai rencontré, qui dissipera votre chagrin, et vous rendra l'âme mieux disposée aux choses que nous avons à dire. Ce sont des Égyptiens[4], vêtus en Mores[5], qui font des danses mêlées de chansons, où je suis sûr que vous prendrez plaisir; et cela vaudra bien une ordonnance de Monsieur Purgon. Allons.

---

1. Un parti: un mari.
2. Tantôt: plus tard.
3. Divertissement: troupe de comédiens.
4. Égyptiens: gitans, bohémiens.
5. Mores: ou Maures, habitants de l'Afrique du Nord.

Second intermède

Le frère du Malade imaginaire lui amène, pour le divertir, plusieurs Égyptiens et Égyptiennes, vêtus en Mores, qui font des danses entremêlées de chansons.

>   PREMIÈRE FEMME MORE
>   *Profitez du printemps*
>   *De vos beaux ans,*
>   *Aimable jeunesse ;*
>   *Profitez du printemps*
>   *De vos beaux ans,*
>   *Donnez-vous à la tendresse.*
>
>   *Les plaisirs les plus charmants,*
>   *Sans l'amoureuse flamme[1],*
>   *Pour contenter une âme*
>   *N'ont point d'attraits assez puissants.*
>
>   *Profitez du printemps*
>   *De vos beaux ans,*
>   *Aimable jeunesse ;*
>   *Profitez du printemps*
>   *De vos beaux ans,*
>   *Donnez-vous à la tendresse.*

---

1. L'amoureuse flamme : la passion amoureuse.

Ne perdez point ces précieux moments :
La beauté passe,
Le temps l'efface,
L'âge de glace
Vient à sa place,
Qui nous ôte le goût de ces doux passe-temps.

⌈*Profitez du printemps*
De vos beaux ans,
Aimable jeunesse ;
Profitez du printemps
De vos beaux ans,
Donnez-vous à la tendresse.

SECONDE FEMME MORE
Quand d'aimer on nous presse
À quoi songez-vous ?
Nos cœurs, dans la jeunesse,
N'ont vers la tendresse
Qu'un penchant trop doux ;
L'amour a pour nous prendre
De si doux attraits,
Que de soi, sans attendre,
On voudrait se rendre
À ses premiers traits[1] *:*
Mais tout ce qu'on écoute
Des vives douleurs
Et des pleurs
Qu'il nous coûte

---

1. Traits : atteintes.

Fait qu'on en redoute
Toutes les douceurs.

Troisième femme more
Il est doux, à notre âge,
D'aimer tendrement
Un amant
Qui s'engage[1] :
Mais s'il est volage[2],
Hélas ! quel tourment !

Quatrième femme more
L'amant qui se dégage[3]
N'est pas le malheur :
La douleur
Et la rage,
C'est que le volage
Garde notre cœur.

Seconde femme more
Quel parti faut-il prendre
Pour nos jeunes cœurs ?

Quatrième femme more
Devons-nous nous y rendre
Malgré ses rigueurs ?

---

1. Qui s'engage : qui est fidèle à celle qu'il aime.
2. Volage : infidèle.
3. Qui se dégage : qui abandonne celle dont il est aimé.

Second intermède

ENSEMBLE

Oui, suivons nos ardeurs,
Ses transports, ses caprices,
Ses douces langueurs ;
S'il a quelques supplices,
Il a cent délices
Qui charment les cœurs.

ENTRÉE DE BALLET

Tous les Mores dansent ensemble, et font sauter des singes qu'ils ont amenés avec eux.

Fin du second intermède, cul de lampe de Maurice Leloir, 1896, Émile Testard éditeur.

Acte III

Scène première
BÉRALDE, ARGAN, TOINETTE

BÉRALDE. – Hé bien! mon frère, qu'en dites-vous? cela ne vaut-il pas bien une prise de casse?

TOINETTE. – Hon, de bonne casse est bonne.

BÉRALDE. – Oh çà! voulez-vous que nous parlions un peu ensemble?

ARGAN. – Un peu de patience, mon frère, je vais revenir.

TOINETTE. – Tenez, Monsieur, vous ne songez pas que vous ne sauriez marcher sans bâton.

ARGAN. – Tu as raison.

Scène 2
BÉRALDE, TOINETTE

TOINETTE. – N'abandonnez pas, s'il vous plaît, les intérêts de votre nièce.

BÉRALDE. – J'emploierai toutes choses pour lui obtenir ce qu'elle souhaite.

Acte III, scène 3

TOINETTE. – Il faut absolument empêcher ce mariage extravagant qu'il s'est mis dans la fantaisie[1], et j'avais songé en moi-même que ç'aurait été une bonne affaire de pouvoir introduire ici un médecin à notre poste[2], pour le dégoûter de son Monsieur Purgon, et lui décrier[3] sa conduite. Mais, comme nous n'avons personne en main pour cela, j'ai résolu de jouer un tour de ma tête.

BÉRALDE. – Comment ?

TOINETTE. – C'est une imagination burlesque[4]. Cela sera peut-être plus heureux que sage. Laissez-moi faire : agissez de votre côté. Voici notre homme.

Scène 3

ARGAN, BÉRALDE

BÉRALDE. – Vous voulez bien, mon frère, que je vous demande, avant toute chose, de ne vous point échauffer l'esprit[5] dans notre conversation.

ARGAN. – Voilà qui est fait.

BÉRALDE. – De répondre sans nulle aigreur aux choses que je pourrai vous dire.

ARGAN. – Oui.

BÉRALDE. – Et de raisonner ensemble, sur les affaires dont nous avons à parler, avec un esprit détaché de toute passion.

---

1. **Il s'est mis dans la fantaisie** : il s'est mis dans l'esprit, il a imaginé.
2. **À notre poste** : à notre service.
3. **Décrier** : critiquer.
4. **Une imagination burlesque** : un tour amusant de mon invention.
5. **Ne vous point échauffer l'esprit** : ne pas vous mettre en colère.

ARGAN. – Mon Dieu ! oui. Voilà bien du préambule[1].

BÉRALDE. – D'où vient, mon frère, qu'ayant le bien que vous avez, et n'ayant d'enfants qu'une fille, car je ne compte pas la petite, d'où vient, dis-je, que vous parlez de la mettre dans un convent ?

ARGAN. – D'où vient, mon frère, que je suis maître dans ma famille pour faire ce que bon me semble ?

BÉRALDE. – Votre femme ne manque pas de vous conseiller de vous défaire ainsi de vos deux filles, et je ne doute point que, par un esprit de charité, elle ne fût ravie de les voir toutes deux bonnes religieuses.

ARGAN. – Oh çà ! nous y voici. Voilà d'abord la pauvre femme en jeu : c'est elle qui fait tout le mal, et tout le monde lui en veut.

BÉRALDE. – Non, mon frère ; laissons-la là ; c'est une femme qui a les meilleures intentions du monde pour votre famille, et qui est détachée de toute sorte d'intérêt, qui a pour vous une tendresse merveilleuse, et qui montre pour vos enfants une affection et une bonté qui n'est pas concevable : cela est certain. N'en parlons point, et revenons à votre fille. Sur quelle pensée, mon frère, la voulez-vous donner en mariage au fils d'un médecin ?

ARGAN. – Sur la pensée, mon frère, de me donner un gendre tel qu'il me faut.

BÉRALDE. – Ce n'est point là, mon frère, le fait de[2] votre fille, et il se présente un parti plus sortable[3] pour elle.

---

1. Voilà bien du préambule : voilà une introduction bien longue.

2. Le fait de : ce qui convient à.

3. Sortable : convenable, approprié.

ARGAN. – Oui, mais celui-ci, mon frère, est plus sortable pour moi.

BÉRALDE. – Mais le mari qu'elle doit prendre doit-il être, mon frère, ou pour elle, ou pour vous ?

ARGAN. – Il doit être, mon frère, et pour elle, et pour moi, et je veux mettre dans ma famille les gens dont j'ai besoin.

BÉRALDE. – Par cette raison-là, si votre petite était grande, vous lui donneriez en mariage un apothicaire ?

ARGAN. – Pourquoi non ?

BÉRALDE. – Est-il possible que vous serez toujours embéguiné[1] de vos apothicaires et de vos médecins, et que vous vouliez être malade en dépit des gens et de la nature ?

ARGAN. – Comment l'entendez-vous, mon frère ?

BÉRALDE. – J'entends, mon frère, que je ne vois point d'homme qui soit moins malade que vous, et que je ne demanderais point une meilleure constitution que la vôtre. Une grande marque que vous vous portez bien et que vous avez un corps parfaitement bien composé[2], c'est qu'avec tous les soins que vous avez pris, vous n'avez pu parvenir encore à gâter la bonté de votre tempérament[3], et que vous n'êtes point crevé de toutes les médecines qu'on vous a fait prendre.

ARGAN. – Mais savez-vous, mon frère, que c'est cela qui me conserve, et que Monsieur Purgon dit que je succomberais, s'il était seulement trois jours sans prendre soin de moi ?

BÉRALDE. – Si vous n'y prenez garde, il prendra tant de soin de vous qu'il vous enverra en l'autre monde.

---

1. Embéguiné : entiché, séduit.
2. Composé : constitué.
3. La bonté de votre tempérament : votre bonne santé.

ARGAN. – Mais raisonnons un peu, mon frère. Vous ne croyez donc point à la médecine ?

BÉRALDE. – Non, mon frère, et je ne vois pas que, pour son salut[1], il soit nécessaire d'y croire.

ARGAN. – Quoi ? vous ne tenez pas véritable une chose établie par tout le monde, et que tous les siècles ont révélée ?

BÉRALDE. – Bien loin de la tenir véritable, je la trouve, entre nous, une des plus grandes folies qui soit parmi les hommes, et à regarder les choses en philosophe, je ne vois point de plus plaisante momerie[2], je ne vois rien de plus ridicule qu'un homme qui se veut mêler d'en guérir un autre.

ARGAN. – Pourquoi ne voulez-vous pas, mon frère, qu'un homme en puisse guérir un autre ?

BÉRALDE. – Par la raison, mon frère, que les ressorts de notre machine[3] sont des mystères, jusques ici, où les hommes ne voient goutte[4], et que la nature nous a mis au-devant des yeux des voiles trop épais pour y connaître quelque chose.

ARGAN. – Les médecins ne savent donc rien, à votre compte ?

BÉRALDE. – Si fait, mon frère. Ils savent la plupart de fort belles humanités[5], savent parler en beau latin, savent nommer en grec toutes les maladies, les définir et les diviser ; mais, pour ce qui est de les guérir, c'est ce qu'ils ne savent point du tout.

---

1. Pour son salut : pour être sauvé.
2. Momerie : mascarade, comédie.
3. Notre machine : notre corps.
4. Ne voient goutte : ne comprennent rien.
5. Les « humanités » correspondent à l'apprentissage des langues et des cultures grecques et latines.

ARGAN. – Mais toujours faut-il demeurer d'accord que, sur cette matière, les médecins en savent plus que les autres.

BÉRALDE. – Ils savent, mon frère, ce que je vous ai dit, qui ne guérit pas de grand-chose; et toute l'excellence de leur art consiste en un pompeux galimatias[1], en un spécieux babil[2], qui vous donne des mots pour des raisons, et des promesses pour des effets.

ARGAN. – Mais enfin, mon frère, il y a des gens aussi sages et aussi habiles que vous; et nous voyons que, dans la maladie, tout le monde a recours aux médecins.

BÉRALDE. – C'est une marque de faiblesse humaine, et non pas de la vérité de leur art.

ARGAN. – Mais il faut bien que les médecins croient leur art véritable, puisqu'ils s'en servent pour eux-mêmes.

BÉRALDE. – C'est qu'il y en a parmi eux qui sont eux-mêmes dans l'erreur populaire, dont ils profitent, et d'autres qui en profitent sans y être. Votre Monsieur Purgon, par exemple, n'y sait point de finesse[3]: c'est un homme tout médecin, depuis la tête jusqu'aux pieds; un homme qui croit à ses règles plus qu'à toutes les démonstrations des mathématiques, et qui croirait du crime à les vouloir examiner[4]; qui ne voit rien d'obscur dans la médecine, rien de douteux, rien de difficile, et qui, avec une impétuosité de prévention[5], une raideur de confiance[6], une brutalité de sens commun et

---

1. **Galimatias**: discours prétentieux.
2. **Spécieux babil**: bavardage trompeur, qui n'a que l'apparence de la vérité.
3. **N'y sait point de finesse**: agit sans malice.
4. **Qui croirait du crime à les vouloir examiner**: qui croirait que c'est un crime de vouloir les analyser.
5. **Avec une impétuosité de prévention**: avec des préjugés tenaces.
6. **Raideur de confiance**: confiance inébranlable.

de raison[1], donne au travers[2] des purgations et des saignées, et ne balance[3] aucune chose. Il ne lui faut point vouloir mal de tout ce qu'il pourra vous faire : c'est de la meilleure foi du monde qu'il vous expédiera[4], et il ne fera, en vous tuant, que ce qu'il a fait à sa femme et à ses enfants, et ce qu'en un besoin il ferait à lui-même.

ARGAN. – C'est que vous avez, mon frère, une dent de lait contre lui[5]. Mais enfin venons au fait. Que faire donc quand on est malade ?

BÉRALDE. – Rien, mon frère.

ARGAN. – Rien ?

BÉRALDE. – Rien. Il ne faut que demeurer en repos. La nature, d'elle-même, quand nous la laissons faire, se tire doucement du désordre où elle est tombée. C'est notre inquiétude, c'est notre impatience qui gâte[6] tout, et presque tous les hommes meurent de leurs remèdes, et non pas de leurs maladies.

ARGAN. – Mais il faut demeurer d'accord, mon frère, qu'on peut aider cette nature par de certaines choses.

BÉRALDE. – Mon Dieu ! mon frère, ce sont pures idées, dont nous aimons à nous repaître[7] ; et, de tout temps, il s'est glissé parmi les hommes de belles imaginations[8], que nous venons

---

1. Brutalité de sens commun et de raison : rigueur irréfléchie, sévérité excessive dans l'application des règles admises.

2. Donne au travers : donne à tort et à travers.

3. Balance : pèse, mesure.

4. Expédiera : tuera.

5. Vous avez [...] une dent de lait contre lui : vous lui en voulez beaucoup.

6. Gâte : gâche.

7. Repaître : nourrir.

8. Imaginations : croyances.

à croire, parce qu'elles nous flattent et qu'il serait à souhaiter qu'elles fussent véritables. Lorsqu'un médecin vous parle d'aider, de secourir, de soulager la nature, de lui ôter ce qui lui nuit et lui donner ce qui lui manque, de la rétablir et de la remettre dans une pleine facilité de ses fonctions ; lorsqu'il vous parle de rectifier[1] le sang, de tempérer[2] les entrailles et le cerveau, de dégonfler la rate, de raccommoder la poitrine, de réparer le foie, de fortifier le cœur, de rétablir et conserver la chaleur naturelle, et d'avoir des secrets pour étendre la vie à de longues années : il vous dit justement le roman[3] de la médecine. Mais quand vous en venez à la vérité et à l'expérience, vous ne trouvez rien de tout cela, et il en est comme de ces beaux songes qui ne vous laissent au réveil que le déplaisir de les avoir crus.

ARGAN. – C'est-à-dire que toute la science du monde est renfermée dans votre tête, et vous voulez en savoir plus que tous les grands médecins de notre siècle.

BÉRALDE. – Dans les discours et dans les choses[4], ce sont deux sortes de personnes que vos grands médecins. Entendez-les parler : les plus habiles gens du monde ; voyez-les faire : les plus ignorants de tous les hommes.

ARGAN. – Hoy ! Vous êtes un grand docteur, à ce que je vois, et je voudrais bien qu'il y eût ici quelqu'un de ces messieurs pour rembarrer vos raisonnements et rabaisser votre caquet[5].

---

1. Rectifier : purifier.

2. Tempérer : rafraîchir.

3. Roman : récit fictif. L'expression dénonce le peu de vérité et de fiabilité du discours de la médecine.

4. Dans les choses : dans les actes.

5. Rabaisser votre caquet : vous faire taire.

BÉRALDE. – Moi, mon frère, je ne prends point à tâche de combattre la médecine ; et chacun, à ses périls et fortune, peut croire tout ce qu'il lui plaît. Ce que j'en dis n'est qu'entre nous, et j'aurais souhaité de pouvoir un peu vous tirer de l'erreur où vous êtes, et, pour vous divertir, vous mener voir sur ce chapitre quelqu'une des comédies de Molière.

ARGAN. – C'est un bon impertinent que votre Molière avec ses comédies, et je le trouve bien plaisant d'aller jouer[1] d'honnêtes gens comme les médecins.

BÉRALDE. – Ce ne sont point les médecins qu'il joue, mais le ridicule de la médecine.

ARGAN. – C'est bien à lui à faire de se mêler de contrôler la médecine ; voilà un bon nigaud, un bon impertinent, de se moquer des consultations et des ordonnances, de s'attaquer au corps des médecins, et d'aller mettre sur son théâtre des personnes vénérables comme ces messieurs-là.

BÉRALDE. – Que voulez-vous qu'il y mette que les diverses professions des hommes ? On y met bien tous les jours les princes et les rois, qui sont d'aussi bonne maison que les médecins.

ARGAN. – Par la mort non de diable ! si j'étais que[2] des médecins, je me vengerais de son impertinence ; et quand il sera malade, je le laisserais mourir sans secours. Il aurait beau faire et beau dire, je ne lui ordonnerais pas la moindre petite saignée, le moindre petit lavement, et je lui dirais : « Crève, crève ! cela t'apprendra une autre fois à te jouer à la Faculté. »

---

1. Plaisant d'aller jouer : « plaisant » est ici à prendre dans un sens ironique. Argan trouve Molière déplaisant et insolent « d'aller jouer » – se moquer – des médecins.

2. Si j'étais que : si j'étais à la place.

BÉRALDE. — Vous voilà bien en colère contre lui.

ARGAN. — Oui, c'est un malavisé[1], et si les médecins sont sages, ils feront ce que je dis.

BÉRALDE. — Il sera encore plus sage que vos médecins, car il ne leur demandera point de secours.

ARGAN. — Tant pis pour lui s'il n'a point recours aux remèdes.

BÉRALDE. — Il a ses raisons pour n'en point vouloir, et il soutient que cela n'est permis qu'aux gens vigoureux et robustes, et qui ont des forces de reste pour porter les remèdes avec la maladie ; mais que, pour lui, il n'a justement de la force que pour porter son mal.

ARGAN. — Les sottes raisons que voilà ! Tenez, mon frère, ne parlons point de cet homme-là davantage, car cela m'échauffe la bile, et vous me donneriez mon mal.

BÉRALDE. — Je le veux bien, mon frère ; et, pour changer de discours, je vous dirai que, sur une petite répugnance[2] que vous témoigne votre fille, vous ne devez point prendre les résolutions violentes de la mettre dans un couvent ; que, pour le choix d'un gendre, il ne vous faut pas suivre aveuglément la passion qui vous emporte, et qu'on doit, sur cette matière, s'accommoder un peu à l'inclination d'une fille[3], puisque c'est pour toute la vie, et que de là dépend tout le bonheur d'un mariage.

---

1. Malavisé : qui manque de discernement, de réflexion.

2. Répugnance : résistance.

3. S'accommoder un peu à l'inclination d'une fille : prendre un peu en compte les sentiments d'une fille.

Des clés pour la lecture linéaire

4

Acte III, scène 3 (p. 122-124).
De « ARGAN. – C'est que vous avez... »
(l. 139) à « le ridicule de la médecine » (l. 189).

ARGAN FACE AU SCEPTIQUE BÉRALDE • Béralde est le frère d'Argan, qui apparaît au troisième acte. Il tente de raisonner son frère quant au sort qu'il réserve à sa fille et à son propre état de santé.

Le texte étape par étape

I. « Le roman de la médecine » (l. 139-168)

1) Quel est l'avis de Béralde sur le fait d'être malade ?

👍 Analysez l'emploi du présent de vérité générale dans sa deuxième réplique.

2) Quel argument Béralde expose-t-il pour expliquer la crédulité humaine ?

👍 Relevez et analysez le lexique qui s'y rapporte.

3) Quelle image Béralde donne-t-il des médecins ?

👍 Analysez la construction de la longue phrase qui débute par « Lorsqu'un médecin » ainsi que l'emploi du terme « roman ».

II. Béralde, la voix de la raison face à la folie d'Argan (l. 169-181)

4) En quoi Argan se montre-t-il sarcastique ?

👍 Analysez l'ironie de ses répliques.

5) Quel argument Béralde lui oppose-t-il ?

👍 Montrez la fermeté de son exposé, qui recourt notamment à des parallélismes de construction.

6) De quelle qualité Béralde fait-il preuve ?

👍 Commentez la phrase commençant par « Moi, mon frère ».

Des clés pour la lecture linéaire

III. Sur un certain Molière (l. 181-189)

7) Comment le nom de Molière est-il introduit dans le texte ?

👍 Relevez la phrase de Béralde dans laquelle il apparaît.

8) En quoi les jugements des deux frères sur Molière s'opposent-ils ?

👍 Analysez notamment la rectification apportée par Béralde dans sa dernière réplique.

IV. Conclusion

9) Montrez que l'attitude face à la médecine telle que la dénonce Béralde relève de la croyance, voire de la superstition.

10) Quelle est l'importance d'un personnage tel que Béralde au sein de la comédie *Le Malade imaginaire* ?

La question de grammaire

11) Relevez les tournures emphatiques dans ce passage. Quel est leur rôle ?

👍 Les tournures emphatiques permettent de mettre en relief un élément de la phrase, par exemple avec le présentatif « c'est/ce sont... » suivi d'une proposition subordonnée relative introduite par « qui/que/dont ».

L'activité d'appropriation

12) RECHERCHE DOCUMENTAIRE • Cherchez quelles pièces de Molière portent le nom de leur personnage principal. Constituez ensuite une galerie de portraits de ces personnages en proie à leur manie, leur folie.

👍 Il s'agit des comédies de Molière dites « de caractère ». Trouvez une représentation visuelle de chaque personnage et réalisez un petit encadré qui le présente ainsi que sa folie.

127

Scène 4

Monsieur Fleurant, *une seringue à la main*[1] ;
Argan, Béralde

Argan. – Ah! mon frère, avec votre permission[2].
Béralde. – Comment? que voulez-vous faire?
Argan. – Prendre ce petit lavement-là; ce sera bientôt fait.
Béralde. – Vous vous moquez. Est-ce que vous ne sauriez être un moment sans lavement ou sans médecine? Remettez cela à une autre fois, et demeurez un peu en repos.
Argan. – Monsieur Fleurant, à ce soir, ou à demain au matin.
Monsieur Fleurant, *à Béralde*. – De quoi vous mêlez-vous de vous opposer aux ordonnances de la médecine, et d'empêcher Monsieur de prendre mon clystère? Vous êtes bien plaisant d'avoir cette hardiesse-là!
Béralde. – Allez, Monsieur, on voit bien que vous n'avez pas accoutumé de parler à des visages.
Monsieur Fleurant. – On ne doit point ainsi se jouer des remèdes, et me faire perdre mon temps. Je ne suis venu ici que sur une bonne ordonnance, et je vais dire à Monsieur Purgon comme on m'a empêché d'exécuter ses ordres et de faire ma fonction. Vous verrez, vous verrez...
Argan. – Mon frère, vous serez cause ici de quelque malheur.
Béralde. – Le grand malheur de ne pas prendre un lavement que Monsieur Purgon a ordonné. Encore un coup[3], mon frère, est-il possible qu'il n'y ait pas moyen de vous guérir

---

1. Il s'agit d'une seringue pour procéder à un lavement qui consistait à introduire un ou deux litres de liquide dans le corps, pour nettoyer les intestins.
2. Avec votre permission : formule de politesse dite pour se retirer.
3. Encore un coup : encore une fois.

Image 2 — **Anonyme,** *Farceurs français et italiens* (1670)

> PRÉSENTATION ET LECTURE DE L'IMAGE, p. 228

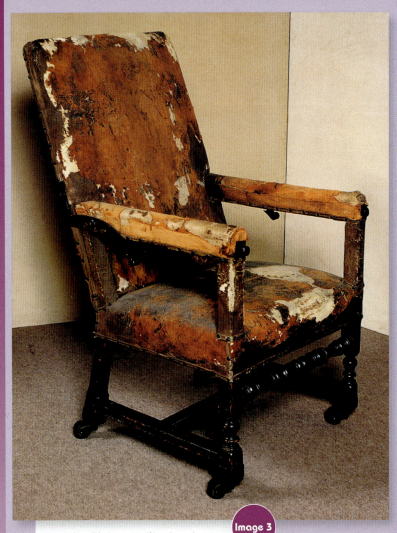

Fauteuil utilisé par Molière lors de sa dernière représentation en février 1673, salle Richelieu

> PRÉSENTATION DE L'IMAGE, p. 229

Image 3

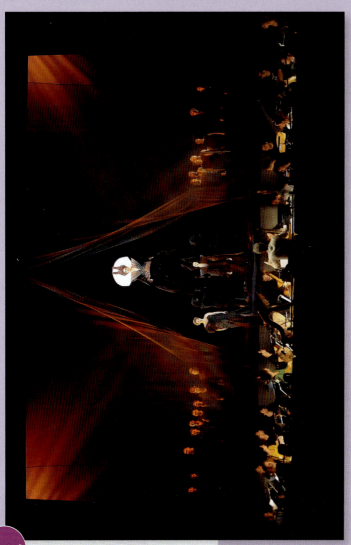

Francesca Lattuada, mise en scène du *Ballet royal de la Nuit* (2020)

> PRÉSENTATION ET LECTURE DE L'IMAGE, p. 230

Jules Chéret, affiche de l'opéra-bouffe *Les Brigands* (1878)

> PRÉSENTATION ET LECTURE DE L'IMAGE, p. 230

Image 5

de la maladie des médecins, et que vous vouliez être, toute votre vie, enseveli dans leurs remèdes ?

ARGAN. — Mon Dieu ! mon frère, vous en parlez comme un homme qui se porte bien ; mais, si vous étiez à ma place, vous changeriez bien de langage. Il est aisé de parler contre la médecine quand on est en pleine santé.

BÉRALDE. — Mais quel mal avez-vous ?

ARGAN. — Vous me feriez enrager. Je voudrais que vous l'eussiez mon mal, pour voir si vous jaseriez[1] tant. Ah ! voici Monsieur Purgon.

Scène 5

MONSIEUR PURGON, ARGAN, BÉRALDE, TOINETTE

MONSIEUR PURGON. — Je viens d'apprendre là-bas, à la porte, de jolies nouvelles : qu'on se moque ici de mes ordonnances, et qu'on a fait refus de prendre le remède que j'avais prescrit.

ARGAN. — Monsieur, ce n'est pas...

MONSIEUR PURGON. — Voilà une hardiesse bien grande, une étrange rébellion d'un malade contre son médecin.

TOINETTE. — Cela est épouvantable.

MONSIEUR PURGON. — Un clystère que j'avais pris plaisir à composer moi-même.

ARGAN. — Ce n'est pas moi...

MONSIEUR PURGON. — Inventé et formé dans toutes les règles de l'art.

---

1. Jaseriez : bavarderiez.

TOINETTE. – Il a tort.

MONSIEUR PURGON. – Et qui devait faire dans des entrailles un effet merveilleux.

ARGAN. – Mon frère…

MONSIEUR PURGON. – Le renvoyer avec mépris !

ARGAN. – C'est lui…

MONSIEUR PURGON. – C'est une action exorbitante[1].

TOINETTE. – Cela est vrai.

MONSIEUR PURGON. – Un attentat énorme contre la médecine.

ARGAN. – Il est cause…

MONSIEUR PURGON. – Un crime de lèse-Faculté[2], qui ne se peut assez punir.

TOINETTE. – Vous avez raison.

MONSIEUR PURGON. – Je vous déclare que je romps commerce avec vous.

ARGAN. – C'est mon frère…

MONSIEUR PURGON. – Que je ne veux plus d'alliance avec vous.

TOINETTE. – Vous ferez bien.

MONSIEUR PURGON. – Et que, pour finir toute liaison avec vous, voilà la donation que je faisais à mon neveu, en faveur du mariage.

ARGAN. – C'est mon frère qui a fait tout le mal.

MONSIEUR PURGON. – Mépriser mon clystère !

ARGAN. – Faites-le venir, je m'en vais le prendre.

MONSIEUR PURGON. – Je vous aurais tiré d'affaire avant qu'il fût peu.

TOINETTE. – Il ne le mérite pas.

---

1. Exorbitante : intolérable, qui dépasse la mesure.

2. Jeu de mots sur l'expression « crime de lèse-Majesté », soit le plus grand des crimes.

Acte III, scène 5

MONSIEUR PURGON. – J'allais nettoyer votre corps et en évacuer entièrement les mauvaises humeurs.

ARGAN. – Ah, mon frère !

MONSIEUR PURGON. – Et je ne voulais plus qu'une douzaine de médecines, pour vider le fond du sac[1].

TOINETTE. – Il est indigne de vos soins.

MONSIEUR PURGON. – Mais puisque vous n'avez pas voulu guérir par mes mains…

ARGAN. – Ce n'est pas ma faute.

MONSIEUR PURGON. – Puisque vous vous êtes soustrait de l'obéissance que l'on doit à son médecin…

TOINETTE. – Cela crie vengeance.

MONSIEUR PURGON. – Puisque vous vous êtes déclaré rebelle aux remèdes que je vous ordonnais…

ARGAN. – Hé ! point du tout.

MONSIEUR PURGON. – J'ai à vous dire que je vous abandonne à votre mauvaise constitution, à l'intempérie de vos entrailles, à la corruption de votre sang, à l'âcreté[2] de votre bile et à la féculence[3] de vos humeurs.

TOINETTE. – C'est fort bien fait.

ARGAN. – Mon Dieu !

MONSIEUR PURGON. – Et je veux qu'avant qu'il soit quatre jours vous deveniez dans un état incurable.

ARGAN. – Ah ! miséricorde !

MONSIEUR PURGON. – Que vous tombiez dans la bradypepsie.

ARGAN. – Monsieur Purgon !

---

1. Vider le fond du sac : nettoyer entièrement l'intestin.

2. Âcreté : amertume.

3. Féculence : état de ce qui est épais, boueux.

Monsieur Purgon. – De la bradypepsie dans la dyspepsie.
Argan. – Monsieur Purgon !
Monsieur Purgon. – De la dyspepsie dans l'apepsie[1].
Argan. – Monsieur Purgon !
330 Monsieur Purgon. – De l'apepsie dans la lienterie…
Argan. – Monsieur Purgon !
Monsieur Purgon. – De la lienterie dans la dysenterie[2]…
Argan. – Monsieur Purgon !
Monsieur Purgon. – De la dysenterie dans l'hydropisie[3]…
335 Argan. – Monsieur Purgon !
Monsieur Purgon. – Et de l'hydropisie dans la privation de la vie, où vous aura conduit votre folie.

Scène 6

Argan, Béralde

Argan. – Ah, mon Dieu ! je suis mort. Mon frère, vous m'avez perdu.
340 Béralde. – Quoi ? qu'y a-t-il ?
Argan. – Je n'en puis plus. Je sens déjà que la médecine se venge.
Béralde. – Ma foi ! mon frère, vous êtes fou, et je ne voudrais pas, pour beaucoup de choses[4], qu'on vous vît faire ce que

---

1. Bradypepsie : digestion lente. **Dyspepsie** : digestion difficile. **Apepsie** : absence de digestion.

2. Lienterie, dysenterie : maladies qui entraînent des diarrhées.

3. Hydropisie : accumulation de liquide dans l'abdomen.

4. Pour beaucoup de choses : pour rien au monde.

345 vous faites. Tâtez-vous[1] un peu, je vous prie, revenez à vous-même, et ne donnez point tant[2] à votre imagination.

ARGAN. – Vous voyez, mon frère, les étranges maladies dont il m'a menacé.

BÉRALDE. – Le simple[3] homme que vous êtes!

350 ARGAN. – Il dit que je deviendrai incurable avant qu'il soit quatre jours.

BÉRALDE. – Et ce qu'il dit, que fait-il à la chose? Est-ce un oracle[4] qui a parlé? Il semble, à vous entendre, que Monsieur Purgon tienne dans ses mains le filet[5] de vos 355 jours, et que, d'autorité suprême, il vous l'allonge et vous le racourcisse comme il lui plaît. Songez que les principes de votre vie sont en vous-même, et que le courroux[6] de Monsieur Purgon est aussi peu capable de vous faire mourir que ses remèdes de vous faire vivre. Voici une aventure, si 360 vous voulez, à vous défaire des médecins, ou, si vous êtes né à ne pouvoir vous en passer, il est aisé d'en avoir un autre, avec lequel, mon frère, vous puissiez courir un peu moins de risque.

ARGAN. – Ah! mon frère, il sait tout mon tempérament et la 365 manière dont il faut me gouverner[7].

---

1. **Tâtez-vous**: réfléchissez.
2. **Ne donnez point tant**: ne cédez pas tant.
3. **Simple**: naïf, crédule.
4. L'« oracle » est, dans l'Antiquité, soit un prêtre qui rend la réponse d'un dieu que l'on était venu consulter, soit la réponse elle-même.
5. **Filet**: fil. Allusion aux Parques (ou Moires) de la mythologie qui tissaient, déroulaient, coupaient le fil symbolisant la vie d'un homme.
6. **Courroux**: colère.
7. **Gouverner**: soigner.

BÉRALDE. – Il faut vous avouer que vous êtes un homme d'une grande prévention[1], et que vous voyez les choses avec d'étranges yeux.

Scène 7

TOINETTE, ARGAN, BÉRALDE

TOINETTE. – Monsieur, voilà un médecin qui demande à vous voir.

ARGAN. – Et quel médecin ?

TOINETTE. – Un médecin de la médecine.

ARGAN. – Je te demande qui il est ?

TOINETTE. – Je ne le connais pas ; mais il me ressemble comme deux gouttes d'eau, et si je n'étais sûre que ma mère était honnête femme, je dirais que ce serait quelque petit frère qu'elle m'aurait donné depuis le trépas[2] de mon père.

ARGAN. – Fais-le venir.

BÉRALDE. – Vous êtes servi à souhait : un médecin vous quitte, un autre se présente.

ARGAN. – J'ai bien peur que vous ne soyez cause de quelque malheur.

BÉRALDE. – Encore ! vous en revenez toujours là ?

ARGAN. – Voyez-vous ? j'ai sur le cœur toutes ces maladies-là que je ne connais point, ces…

---

1. D'une grande prévention : plein de préjugés.
2. Le trépas : la mort.

Scène 8

TOINETTE, *en médecin* ; ARGAN, BÉRALDE

TOINETTE. – Monsieur, agréez[1] que je vienne vous rendre visite et vous offrir mes petits services pour toutes les saignées et les purgations dont vous aurez besoin.

ARGAN. – Monsieur, je vous suis fort obligé. Par ma foi ! voilà Toinette elle-même.

TOINETTE. – Monsieur, je vous prie de m'excuser, j'ai oublié de donner une commission à mon valet ; je reviens tout à l'heure.

ARGAN. – Eh ! ne diriez-vous pas que c'est effectivement Toinette ?

BÉRALDE. – Il est vrai que la ressemblance est tout à fait grande. Mais ce n'est pas la première fois qu'on a vu de ces sortes de choses, et les histoires ne sont pleines que de ces jeux de la nature.

ARGAN. – Pour moi, j'en suis surpris, et…

Scène 9

TOINETTE, ARGAN, BÉRALDE

TOINETTE *quitte son habit de médecin si promptement qu'il est difficile de croire que ce soit elle qui a paru en médecin.* – Que voulez-vous, Monsieur ?

ARGAN. – Comment ?

TOINETTE. – Ne m'avez-vous pas appelée ?

---

1. Agréez : acceptez.

ARGAN. – Moi ? non.

TOINETTE. – Il faut donc que les oreilles m'aient corné[1].

ARGAN. – Demeure un peu ici pour voir comme ce médecin te ressemble.

TOINETTE, *en sortant*. – Oui, vraiment, j'ai affaire là-bas, et je l'ai assez vu.

ARGAN. – Si je ne les voyais tous deux, je croirais que ce n'est qu'un.

BÉRALDE. – J'ai lu des choses surprenantes de ces sortes de ressemblances, et nous en avons vu de notre temps où tout le monde s'est trompé.

ARGAN. – Pour moi, j'aurais été trompé à celle-là, et j'aurais juré que c'est la même personne.

Scène 10

TOINETTE, *en médecin* ; ARGAN, BÉRALDE

TOINETTE. – Monsieur, je vous demande pardon de tout mon cœur.

ARGAN. – Cela est admirable[2] !

TOINETTE. – Vous ne trouverez pas mauvais, s'il vous plaît, la curiosité que j'ai eue de voir un illustre malade comme vous êtes ; et votre réputation, qui s'étend partout, peut excuser la liberté que j'ai prise.

ARGAN. – Monsieur, je suis votre serviteur.

---

1. Que les oreilles m'aient corné : que j'aie entendu des bruits imaginaires.
2. Admirable : étonnant.

TOINETTE. – Je vois, Monsieur, que vous me regardez fixement. Quel âge croyez-vous bien que j'aie ?

ARGAN. – Je crois que tout au plus vous pouvez avoir vingt-six ou vingt-sept ans.

TOINETTE. – Ah, ah, ah, ah, ah ! j'en ai quatre-vingt-dix.

ARGAN. – Quatre-vingt-dix ?

TOINETTE. – Oui. Vous voyez un effet des secrets de mon art, de me conserver ainsi frais et vigoureux.

ARGAN. – Par ma foi ! voilà un beau jeune vieillard pour quatre-vingt-dix ans.

TOINETTE. – Je suis médecin passager[1], qui vais de ville en ville, de province en province, de royaume en royaume, pour chercher d'illustres matières à ma capacité, pour trouver des malades dignes de m'occuper, capables d'exercer les grands et beaux secrets que j'ai trouvés dans la médecine. Je dédaigne de m'amuser à ce menu fatras[2] de maladies ordinaires, à ces bagatelles de rhumatismes et défluxions[3], à ces fiévrottes, à ces vapeurs[4], et à ces migraines. Je veux des maladies d'importance : de bonnes fièvres continues avec des transports au cerveau, de bonnes fièvres pourprées[5], de bonnes pestes, de bonnes hydropisies formées, de bonnes pleurésies[6] avec des inflammations de poitrine : c'est là que je me plais, c'est là que je triomphe ; et je voudrais, Monsieur, que vous eussiez toutes les maladies que je viens de dire, que vous fussiez abandonné

---

1. **Passager** : ambulant, itinérant.
2. **Fatras** : amas confus.
3. **Défluxions** : écoulements de liquide dans les organes.
4. **Vapeurs** : sensations de chaleur dues à des troubles circulatoires.
5. **Fièvres pourprées** : rougeoles.
6. **Pleurésies** : inflammations de la plèvre (membrane des poumons).

de tous les médecins, désespéré, à l'agonie, pour vous montrer l'excellence de mes remèdes, et l'envie que j'aurais de vous rendre service.

ARGAN. – Je vous suis obligé, Monsieur, des bontés que vous avez pour moi.

TOINETTE. – Donnez-moi votre pouls. Allons donc, que l'on batte comme il faut. Ahy, je vous ferai bien aller comme vous devez. Hoy, ce pouls-là fait l'impertinent : je vois bien que vous ne me connaissez pas encore. Qui est votre médecin ?

ARGAN. – Monsieur Purgon.

TOINETTE. – Cet homme-là n'est point écrit sur mes tablettes entre les grands médecins. De quoi dit-il que vous êtes malade ?

ARGAN. – Il dit que c'est du foie, et d'autres disent que c'est de la rate.

TOINETTE. – Ce sont tous des ignorants : c'est du poumon que vous êtes malade.

ARGAN. – Du poumon ?

TOINETTE. – Oui. Que sentez-vous ?

ARGAN. – Je sens de temps en temps des douleurs de tête.

TOINETTE. – Justement, le poumon.

ARGAN. – Il me semble parfois que j'ai un voile devant les yeux.

TOINETTE. – Le poumon.

ARGAN. – J'ai quelquefois des maux de cœur.

TOINETTE. – Le poumon.

ARGAN. – Je sens parfois des lassitudes[1] par tous les membres.

TOINETTE. – Le poumon.

ARGAN. – Et quelquefois il me prend des douleurs dans le ventre, comme si c'étaient des coliques.

---

1. **Lassitudes** : faiblesses.

Acte III, scène 10

TOINETTE. – Le poumon. Vous avez appétit à ce que vous mangez ?

ARGAN. – Oui, Monsieur.

TOINETTE. – Le poumon. Vous aimez à boire un peu de vin ?

ARGAN. – Oui, Monsieur.

TOINETTE. – Le poumon. Il vous prend un petit sommeil après le repas et vous êtes bien aise de dormir ?

ARGAN. – Oui, Monsieur.

TOINETTE. – Le poumon, le poumon, vous dis-je. Que vous ordonne votre médecin pour votre nourriture ?

ARGAN. – Il m'ordonne du potage.

TOINETTE. – Ignorant.

ARGAN. – De la volaille.

TOINETTE. – Ignorant.

ARGAN. – Du veau.

TOINETTE. – Ignorant.

ARGAN. – Des bouillons.

TOINETTE. – Ignorant.

ARGAN. – Des œufs frais.

TOINETTE. – Ignorant.

ARGAN. – Et le soir des petits pruneaux pour lâcher le ventre.

TOINETTE. – Ignorant.

ARGAN. – Et surtout de boire mon vin fort trempé[1].

TOINETTE. – *Ignorantus, ignoranta, ignorantum*[2]. Il faut boire votre vin pur ; et pour épaissir votre sang qui est trop subtil[3], il faut manger de bon gros bœuf, de bon gros porc, de bon

---

1. **Trempé** : mélangé à de l'eau.

2. *Ignorantus, ignoranta, ignorantum* sont les formes incorrectes de *ignorans*, *ignorantis*, adjectif latin qui signifie « ignorant ».

3. **Subtil** : fluide.

fromage de Hollande, du gruau[1] et du riz, et des marrons et des oublies[2], pour coller et conglutiner[3]. Votre médecin est une bête. Je veux vous en envoyer un de ma main, et je viendrai vous voir de temps en temps, tandis que je serai en cette ville.

ARGAN. – Vous m'obligez beaucoup.

TOINETTE. – Que diantre faites-vous de ce bras-là ?

ARGAN. – Comment ?

TOINETTE. – Voilà un bras que je me ferais couper tout à l'heure, si j'étais que de vous.

ARGAN. – Et pourquoi ?

TOINETTE. – Ne voyez-vous pas qu'il tire à soi toute la nourriture, et qu'il empêche ce côté-là de profiter ?

ARGAN. – Oui ; mais j'ai besoin de mon bras.

TOINETTE. – Vous avez là aussi un œil droit que je me ferais crever, si j'étais en votre place.

ARGAN. – Crever un œil ?

TOINETTE. – Ne voyez-vous pas qu'il incommode l'autre, et lui dérobe sa nourriture ? Croyez-moi, faites-vous-le crever au plus tôt, vous en verrez plus clair de l'œil gauche.

ARGAN. – Cela n'est pas pressé.

TOINETTE. – Adieu. Je suis fâché de vous quitter si tôt ; mais il faut que je me trouve à une grande consultation qui se doit faire pour un homme qui mourut hier.

ARGAN. – Pour un homme qui mourut hier ?

TOINETTE. – Oui, pour aviser, et voir ce qu'il aurait fallu lui faire pour le guérir. Jusqu'au revoir.

---

1. Gruau : bouillie épaisse à base d'avoine.

2. Oublies : sortes de gaufres.

3. Conglutiner : épaissir.

ARGAN. – Vous savez que les malades ne reconduisent point[1].
BÉRALDE. – Voilà un médecin vraiment qui paraît fort habile.
ARGAN. – Oui, mais il va un peu bien vite.
BÉRALDE. – Tous les grands médecins sont comme cela.
535 ARGAN. – Me couper un bras, et me crever un œil, afin que l'autre se porte mieux ? J'aime bien mieux qu'il ne se porte pas si bien. La belle opération, de me rendre borgne et manchot !

Scène 11

TOINETTE, ARGAN, BÉRALDE

TOINETTE. – Allons, allons, je suis votre servante, je n'ai pas envie de rire.
540 ARGAN. – Qu'est-ce que c'est ?
TOINETTE. – Votre médecin, ma foi ! qui me voulait tâter le pouls.
ARGAN. – Voyez un peu, à l'âge de quatre-vingt-dix ans !
BÉRALDE. – Oh çà, mon frère, puisque voilà votre Monsieur Purgon brouillé avec vous, ne voulez-vous pas bien que je
545 vous parle du parti qui s'offre pour ma nièce ?
ARGAN. – Non, mon frère : je veux la mettre dans un convent, puisqu'elle s'est opposée à mes volontés. Je vois bien qu'il y a quelque amourette là-dessous, et j'ai découvert certaine entrevue secrète, qu'on ne sait pas que j'aie découverte.
550 BÉRALDE. – Hé bien ! mon frère, quand il y aurait quelque petite inclination, cela serait-il si criminel, et rien peut-il vous offenser, quand tout ne va qu'à des choses honnêtes comme le mariage ?

---

1. **Ne reconduisent point** : ne raccompagnent pas leurs hôtes.

Des clés pour la lecture linéaire

5 — Acte III, scène 10 (p. 138-140). De «Toinette. – Donnez-moi votre pouls…» (l. 456) à «je serai en cette ville» (l. 508).

QUAND TOINETTE SE FAIT MÉDECIN • Argan vient d'être abandonné par ses médecins, M. Fleurant et M. Purgon, pour n'avoir pas suivi leurs prescriptions. Dans cette scène, Toinette, déguisée en médecin, prend le relais.

Le texte étape par étape

I. Un faux médecin crédible (l. 456-468)

1 Quels procédés Toinette emploie-t-elle pour mimer le langage des médecins ?

👍 Identifiez les types de phrases, les interjections et le ton qu'elle emploie.

2 Que sous-entend-elle quant à M. Purgon ? Que pense-t-elle des autres médecins ?

👍 Analysez les formes de phrases qu'elle emploie.

II. «Le poumon» (l. 469-488)

3 Quel organe Toinette incrimine-t-elle ? Est-ce plausible ?

👍 Relevez la figure de style qu'elle utilise et les différents symptômes dont Argan se plaint.

4 Quelles formes de comique sont exploitées dans cet échange ?

👍 Observez notamment le rythme de l'enchaînement des répliques.

5 En quoi l'interrogatoire de Toinette oriente-t-il les réponses d'Argan ?

👍 Analysez la syntaxe des phrases interrogatives qu'elle emploie.

III. Où il est question de régime alimentaire (l. 489-508)

6 Quel mot est désormais répété ? Que traduit cette répétition :
a. sur la façon dont Toinette interprète son rôle ?

142

Des clés pour la lecture linéaire

b. quant à l'image qu'elle donne des médecins ?

👍 Analysez l'effet produit par cette répétition.

7) Quel type d'alimentation a-t-on recommandé à Argan ? Quel régime Toinette lui prescrit-elle ?

👍 Analysez l'opposition des brèves répliques d'Argan et l'énumération que fait Toinette.

IV. Conclusion

8) Quels types de comique cette scène exploite-t-elle ?

9) Quelles hypothèses cette scène permet-elle de formuler quant au dénouement ?

👍 Demandez-vous ce qu'Argan est susceptible de faire par la suite.

La question de grammaire

10) Faites l'analyse logique de la dernière phrase de l'extrait en précisant la nature des propositions employées.

👍 Une phrase comporte autant de propositions que de verbes conjugués.

L'activité d'appropriation

11) LECTURE ET RÉFLEXION D'ENSEMBLE • À plusieurs, faites une recherche sur le déguisement au théâtre. L'objectif est d'expliquer en quoi l'art du déguisement contribue au comique d'une pièce et à son caractère spectaculaire.

👍 Chaque groupe peut lire l'une des pièces suivantes : *Les Fourberies de Scapin* de Molière (III, 2), *Le Jeu de l'amour et du hasard* de Marivaux (I, 6) ou *Le Mariage de Figaro* de Beaumarchais (II, 6 et V, 7).

ARGAN. – Quoi qu'il en soit, mon frère, elle sera religieuse, c'est une chose résolue.

BÉRALDE. – Vous voulez faire plaisir à quelqu'un.

ARGAN. – Je vous entends : vous en revenez toujours là, et ma femme vous tient au cœur.

BÉRALDE. – Hé bien! oui, mon frère, puisqu'il faut parler à cœur ouvert, c'est votre femme que je veux dire ; et non plus que l'entêtement de la médecine, je ne puis vous souffrir l'entêtement où vous êtes pour elle, et voir que vous donniez tête baissée dans tous les pièges qu'elle vous tend.

TOINETTE. – Ah! Monsieur, ne parlez point de Madame : c'est une femme sur laquelle il n'y a rien à dire, une femme sans artifice[1], et qui aime Monsieur, qui l'aime... on ne peut pas dire cela.

ARGAN. – Demandez-lui un peu les caresses qu'elle me fait.

TOINETTE. – Cela est vrai.

ARGAN. – L'inquiétude que lui donne ma maladie.

TOINETTE. – Assurément.

ARGAN. – Et les soins et les peines qu'elle prend autour de moi.

TOINETTE. – Il est certain. Voulez-vous que je vous convainque, et vous fasse voir tout à l'heure comme Madame aime Monsieur ? Monsieur, souffrez que je lui montre son bec jaune[2], et le tire d'erreur.

ARGAN. – Comment ?

TOINETTE. – Madame va s'en revenir. Mettez-vous tout étendu dans cette chaise, et contrefaites le mort[3]. Vous verrez la douleur où elle sera, quand je lui dirai la nouvelle.

---

1. Sans artifice : sans hypocrisie.

2. Son bec jaune : son erreur, sa naïveté (le bec des jeunes oiseaux est jaune).

3. Contrefaites le mort : faites semblant d'être mort.

ARGAN. – Je le veux bien.

TOINETTE. – Oui ; mais ne la laissez pas longtemps dans le désespoir, car elle en pourrait bien mourir.

ARGAN. – Laisse-moi faire.

585 TOINETTE, *à Béralde*. – Cachez-vous, vous, dans ce coin-là.

ARGAN. – N'y a-t-il point quelque danger à contrefaire le mort ?

TOINETTE. – Non, non : quel danger y aurait-il ? Étendez-vous là seulement. *(Bas.)* Il y aura plaisir à confondre[1] votre frère. Voici Madame. Tenez-vous bien.

Scène 12

BÉLINE, TOINETTE, ARGAN, BÉRALDE

590 TOINETTE *s'écrie*. – Ah, mon Dieu ! Ah, malheur ! Quel étrange accident !

BÉLINE. – Qu'est-ce, Toinette ?

TOINETTE. – Ah, Madame !

BÉLINE. – Qu'y a-t-il ?

595 TOINETTE. – Votre mari est mort.

BÉLINE. – Mon mari est mort ?

TOINETTE. – Hélas ! oui. Le pauvre défunt est trépassé.

BÉLINE. – Assurément ?

TOINETTE. – Assurément. Personne ne sait encore cet accident-
600 là, et je me suis trouvée ici toute seule. Il vient de passer entre mes bras. Tenez, le voilà tout de son long dans cette chaise.

BÉLINE. – Le Ciel en soit loué ! Me voilà délivrée d'un grand fardeau. Que tu es sotte, Toinette, de t'affliger de cette mort !

---

1. **Confondre** : troubler, décontenancer.

TOINETTE. – Je pensais, Madame, qu'il fallût pleurer.

BÉLINE. – Va, va, cela n'en vaut pas la peine. Quelle perte est-ce que la sienne ? et de quoi servait-il sur la terre ? Un homme incommode à tout le monde, malpropre, dégoûtant, sans cesse un lavement ou une médecine dans le ventre, mouchant, toussant, crachant toujours, sans esprit, ennuyeux, de mauvaise humeur, fatiguant sans cesse les gens, et grondant jour et nuit servantes et valets.

TOINETTE. – Voilà une belle oraison funèbre[1].

BÉLINE. – Il faut, Toinette, que tu m'aides à exécuter mon dessein, et tu peux croire qu'en me servant ta récompense est sûre. Puisque, par un bonheur, personne n'est encore averti de la chose, portons-le dans son lit, et tenons cette mort cachée, jusqu'à ce que j'aie fait mon affaire. Il y a des papiers, il y a de l'argent dont je me veux saisir, et il n'est pas juste que j'aie passé sans fruit[2] auprès de lui mes plus belles années. Viens, Toinette, prenons auparavant toutes ses clefs.

ARGAN, *se levant brusquement*. – Doucement.

BÉLINE, *surprise et épouvantée*. – Ahy !

ARGAN. – Oui, Madame ma femme, c'est ainsi que vous m'aimez ?

TOINETTE. – Ah, ah ! le défunt n'est pas mort.

ARGAN, *à Béline, qui sort*. – Je suis bien aise de voir votre amitié, et d'avoir entendu le beau panégyrique[3] que vous avez fait de moi. Voilà un avis au lecteur qui me rendra sage à l'avenir, et qui m'empêchera de faire bien des choses.

---

1. Oraison funèbre : discours prononcé en hommage à un mort.

2. Fruit : bénéfice, profit.

3. Panégyrique : discours élogieux.

BÉRALDE, *sortant de l'endroit où il était caché.* – Hé bien ! mon frère, vous le voyez.

TOINETTE. – Par ma foi ! je n'aurais jamais cru cela. Mais j'entends votre fille : remettez-vous comme vous étiez, et voyons de quelle manière elle recevra votre mort. C'est une chose qu'il n'est pas mauvais d'éprouver ; et puisque vous êtes en train, vous connaîtrez par là les sentiments que votre famille a pour vous.

Scène 13

ANGÉLIQUE, ARGAN, TOINETTE, BÉRALDE

TOINETTE *s'écrie.* – Ô Ciel ! ah, fâcheuse aventure ! Malheureuse journée !

ANGÉLIQUE. – Qu'as-tu, Toinette, et de quoi pleures-tu ?

TOINETTE. – Hélas ! j'ai de tristes nouvelles à vous donner.

ANGÉLIQUE. – Hé quoi ?

TOINETTE. – Votre père est mort.

ANGÉLIQUE. – Mon père est mort, Toinette ?

TOINETTE. – Oui ; vous le voyez là. Il vient de mourir tout à l'heure d'une faiblesse qui lui a pris.

ANGÉLIQUE. – Ô Ciel ! quelle infortune ! quelle atteinte cruelle ! Hélas ! faut-il que je perde mon père, la seule chose qui me restait au monde ? et qu'encore, pour un surcroît de désespoir[1], je le perde dans un moment où il était irrité contre moi ? Que deviendrai-je, malheureuse, et quelle consolation trouver après une si grande perte ?

---

1. Pour un surcroît de désespoir : pour accroître mon désespoir.

Scène 14 et dernière

CLÉANTE, ANGÉLIQUE, ARGAN, TOINETTE, BÉRALDE

CLÉANTE. – Qu'avez-vous donc, belle Angélique ? et quel malheur pleurez-vous ?

ANGÉLIQUE. – Hélas ! je pleure tout ce que dans la vie je pouvais perdre de plus cher et de plus précieux : je pleure la mort de mon père.

CLÉANTE. – Ô Ciel ! quel accident ! quel coup inopiné[1] ! Hélas ! après la demande que j'avais conjuré votre oncle de lui faire pour moi, je venais me présenter à lui, et tâcher par mes respects et par mes prières de disposer son cœur à vous accorder à mes vœux.

ANGÉLIQUE. – Ah ! Cléante, ne parlons plus de rien. Laissons là toutes les pensées du mariage. Après la perte de mon père, je ne veux plus être du monde, et j'y renonce pour jamais. Oui, mon père, si j'ai résisté tantôt à vos volontés, je veux suivre du moins une de vos intentions, et réparer par là le chagrin que je m'accuse de vous avoir donné. Souffrez, mon père, que je vous en donne ici ma parole, et que je vous embrasse pour vous témoigner mon ressentiment.

ARGAN *se lève.* – Ah, ma fille !

ANGÉLIQUE, *épouvantée.* – Ahy !

ARGAN. – Viens. N'aie point de peur, je ne suis pas mort. Va, tu es mon vrai sang, ma véritable fille ; et je suis ravi d'avoir vu ton bon naturel.

ANGÉLIQUE. – Ah ! quelle surprise agréable, mon père ! Puisque par un bonheur extrême le Ciel vous redonne à mes vœux,

---

1. Inopiné : inattendu.

souffrez qu'ici je me jette à vos pieds pour vous supplier d'une chose. Si vous n'êtes pas favorable au penchant de mon cœur, si vous me refusez Cléante pour époux, je vous conjure au moins de ne me point forcer d'en épouser un autre. C'est toute la grâce que je vous demande.

CLÉANTE *se jette à genoux*. — Eh! Monsieur, laissez-vous toucher à ses prières et aux miennes, et ne vous montrez point contraire aux mutuels empressements d'une si belle inclination.

BÉRALDE. — Mon frère, pouvez-vous tenir là contre?

TOINETTE. — Monsieur, serez-vous insensible à tant d'amour?

ARGAN. — Qu'il se fasse médecin, je consens au mariage. Oui, faites-vous médecin, je vous donne ma fille.

CLÉANTE. — Très volontiers, Monsieur: s'il ne tient qu'à cela pour être votre gendre, je me ferai médecin, apothicaire même, si vous voulez. Ce n'est pas une affaire que cela, et je ferais bien d'autres choses pour obtenir la belle Angélique.

BÉRALDE. — Mais, mon frère, il me vient une pensée: faites-vous médecin vous-même. La commodité sera encore plus grande, d'avoir en vous tout ce qu'il vous faut.

TOINETTE. — Cela est vrai. Voilà le vrai moyen de vous guérir bientôt: et il n'y a point de maladie si osée, que de se jouer à la personne d'un médecin.

ARGAN. — Je pense, mon frère, que vous vous moquez de moi: est-ce que je suis en âge d'étudier?

BÉRALDE. — Bon, étudier! Vous êtes assez savant; et il y en a beaucoup parmi eux qui ne sont pas plus habiles que vous.

ARGAN. — Mais il faut savoir bien parler latin, connaître les maladies, et les remèdes qu'il y faut faire.

BÉRALDE. – En recevant la robe et le bonnet de médecin, vous apprendrez tout cela, et vous serez après plus habile que vous ne voudrez.

ARGAN. – Quoi ? l'on sait discourir sur les maladies quand on a cet habit-là ?

BÉRALDE. – Oui. L'on n'a qu'à parler avec une robe et un bonnet, tout galimatias devient savant, et toute sottise devient raison.

TOINETTE. – Tenez, Monsieur, quand il n'y aurait que votre barbe, c'est déjà beaucoup, et la barbe fait plus de la moitié du médecin.

CLÉANTE. – En tout cas, je suis prêt à tout.

BÉRALDE. – Voulez-vous que l'affaire se fasse tout à l'heure ?

ARGAN. – Comment tout à l'heure ?

BÉRALDE. – Oui, et dans votre maison.

ARGAN. – Dans ma maison ?

BÉRALDE. – Oui. Je connais une Faculté de mes amies, qui viendra tout à l'heure en faire la cérémonie dans votre salle. Cela ne vous coûtera rien.

ARGAN. – Mais moi, que dire, que répondre ?

BÉRALDE. – On vous instruira en deux mots, et l'on vous donnera par écrit ce que vous devez dire. Allez-vous-en mettre un habit décent, je vais les envoyer quérir[1].

ARGAN. – Allons, voyons cela.

CLÉANTE. – Que voulez-vous dire, et qu'entendez-vous avec cette Faculté de vos amies… ?

TOINETTE. – Quel est donc votre dessein ?

---

1. Quérir : chercher.

BÉRALDE. – De nous divertir un peu ce soir. Les comédiens ont fait un petit intermède de la réception d'un médecin[1], avec des danses et de la musique ; je veux que nous en prenions ensemble le divertissement, et que mon frère y fasse le premier personnage.

ANGÉLIQUE. – Mais mon oncle, il me semble que vous vous jouez un peu beaucoup de mon père.

BÉRALDE. – Mais, ma nièce, ce n'est pas tant le jouer, que s'accommoder à ses fantaisies. Tout ceci n'est qu'entre nous. Nous y pouvons aussi prendre chacun un personnage, et nous donner ainsi la comédie les uns aux autres. Le carnaval autorise cela. Allons vite préparer toutes choses.

CLÉANTE, *à Angélique*. – Y consentez-vous ?

ANGÉLIQUE. – Oui, puisque mon oncle nous conduit.

---

1. Réception d'un médecin : cérémonie par laquelle on devient officiellement médecin.

Troisième intermède

C'est une cérémonie burlesque d'un homme qu'on fait médecin en récit, chant et danse.

ENTRÉE DE BALLET

Plusieurs tapissiers viennent préparer la salle et placer des bancs en cadence ; ensuite de quoi toute l'assemblée (composée de huit porte-seringues, six apothicaires, vingt-deux docteurs, celui qui se fait recevoir médecin, huit chirurgiens dansants, et deux chantants) entre, et prend ses places, selon les rangs.

PRÆSES	LE PRÉSIDENT
Sçavantissimi doctores,	Très savants docteurs,
Medicinae professores,	De la Médecine Professeurs,
Qui hic assemblati estis,	Qui ici êtes assemblés,
Et vos, altri Messiores,	Et vous autres Messieurs,
Sententiarum Facultatis	Des sentences de la Faculté
Fideles executores,	Fidèles exécuteurs,
Chirurgiani et apothicari,	Chirurgiens et apothicaires,
Atque tota compania aussi,	Et toute la compagnie aussi,
Salus, honor, et argentum,	À vous salut, honneur et fortune,
Atque bonum appetitum.	Et bon appétit aussi.
Non possum, docti Confreri,	Je ne puis, savants confrères,
En moi satis admirari	En moi assez admirer

Troisième intermède

20	*Qualis bona inventio*	Quelle bonne invention
	Est medici professio,	Est la médicale profession ;
	Quam bella chosa est, et	Quelle chose belle et
	bene trovata,	bien trouvée
	Medicina illa benedicta,	Est cette médecine bénie
	Quae suo nomine solo,	Qui par son nom seulement
25	*Surprenanti miraculo,*	– Ô miracle surprenant –
	Depuis si longo tempore,	Depuis si longtemps
	Facit à gogo vivere	Fait vivre à gogo
	Tant de gens omni genere.	Toutes sortes de gens.
	Per totam terram videmus	Nous voyons par toute la terre
30	*Grandam vogam ubi sumus,*	La grande vogue où nous sommes,
	Et quod grandes et petiti	Et comment grands et petits
	Sunt de nobis infatuti.	Sont de nous infatués.
	Totus mundus, currens	Le monde entier, courant
	ad nostros remedios,	vers nos remèdes,
	Nos regardat sicut Deos ;	Nous regarde ainsi que des dieux,
35	*Et nostris ordonnanciis*	Et vous voyez à nos ordonnances
	Principes et reges soumissos	Les princes et les rois soumis.
	videtis.	
	Donque il est nostrae	Donc il est de notre sagesse,
	sapientiae,	
	Boni sensus atque	De notre bon sens et de notre
	prudentiae,	prudence,
	De fortemente travaillare	De fortement travailler
40	*A nos bene conservare*	À nous bien conserver
	In tali credito, voga, et honore,	En tel crédit, vogue et honneur,
	Et prandere gardam à non	Et à prendre garde à ne recevoir
	recevere	

In nostro docto corpore	Dans notre docte corporation
Quam personas capabiles,	Que des personnes capables,
45 *Et totas dignas ramplire*	Entièrement dignes d'occuper
Has plaças honorabiles.	Ces places honorables.

C'est pour cela que nunc convocati estis :
Et credo quod trovabitis
Dignam matieram medici
50 *In sçavanti homine que voici,*
Lequel, in chosis omnibus,
Dono ad interrogandum,
Et à fond examinandum
Vostris capacitatibus.

C'est pour cela que vous êtes à présent convoqués,
Et je crois que vous trouverez
Une belle étoffe de médecin
En l'homme savant que voici,
Lequel, en toutes choses,
Je vous donne à interroger
Et à examiner à fond,
Selon vos capacités.

PRIMUS DOCTOR

55 *Si mihi licenciam dat*
    Dominus Praeses,
Et tanti docti Doctores,
Et assistantes illustres,
Très sçavanti Bacheliero,
Quem estimo et honoro,
60 *Domandabo causam*
    et rationem quare
Opium facit dormire.

PREMIER DOCTEUR

Si Monsieur le Président m'en donne permission
Et tant de doctes docteurs,
Et tant d'illustres assistants,
Très savant bachelier
Que j'estime et honore,
Je te demanderai la cause et la raison
Par lesquelles l'opium fait dormir.

BACHELIERUS

Mihi a docto Doctore
Domandatur causam
    et rationem quare
Opium facit dormire :

LE BACHELIER

Il m'est demandé par un docte docteur
La cause et la raison par lesquelles

L'opium fait dormir.

65 *À quoi respondeo,* *Quia est in eo* *Virtus dormitiva,* *Cujus est natura* *Sensus assoupire.*	À quoi je réponds : Parce qu'il y a en lui Une vertu dormitive Dont la nature Est d'assoupir les sens.
CHORUS	LE CHŒUR
70 *Bene, bene, bene, bene* *respondere :* *Dignus, dignus est entrare* *In nostro docto corpore.*	Bien, bien, bien, il a bien répondu Digne, digne, il est digne d'entrer Dans notre savante corporation.
SECUNDUS DOCTOR	SECOND DOCTEUR

Cum permissione
Domini Praesidis,
Doctissimae Facultatis,
75 *Et totius his nostris actis*
Companiae assistantis,
Domandabo tibi, docte
Bacheliere,
Quae sunt remedia
Quae in maladia
80 *Ditte hydropisia*
Convenit facere.
	Avec la permission
	    de Monsieur le Président,
	De la très docte Faculté ;
	Et de toute la compagnie
	Qui assiste à nos travaux,
	Je te demanderai, savant
	    bachelier
	Quels sont les remèdes
	Que dans la maladie
	Dite hydropisie,
	Il faut donner.

BACHELIERUS	LE BACHELIER
Clysterium donare, *Postea seignare,* *Ensuitta purgare.*	Le clystère donner, Puis saigner, Ensuite purger.

Chorus

Bene, bene, bene, bene respondere :
Dignus, dignus est entrare
In nostro docto corpore.

Tertius doctor

Si bonum semblatur Domini Praesidi,
Doctissimae Facultati
Et companiae praesenti,
Domandabo tibi, docte Bacheliere,
Quae remedia eticis,
Pulmonicis, atque asmaticis,
Trovas à propos facere.

Bachelierus

Clysterium donare,
Postea seignare,
Ensuitta purgare.

Chorus

Bene, bene, bene, bene respondere :
Dignus, dignus est entrare
In nostro docto corpore.

Quartus doctor

Super illas maladias
Doctus Bachelierus dixit maravillas

Le Chœur

Bien, bien, bien, il a bien répondu
Digne, digne, il est digne d'entrer
Dans notre savante corporation.

Troisième docteur

S'il semble bon à Monsieur le Président,
De la très docte Faculté,
Et à la compagnie ici présente
Je te demanderai, savant bachelier
Quels remèdes aux fiévreux,
Aux pulmonaires et aux asthmatiques
Tu trouves à propos de donner.

Le bachelier

Le clystère donner,
Puis saigner,
Ensuite purger.

Le Chœur

Bien, bien, bien, il a bien répondu
Digne, digne, il est digne d'entrer
Dans notre savante corporation.

Quatrième docteur

Sur ces maladies,
Le savant bachelier a dit
des merveilles

Mais si non ennuyo	Mais si je ne m'ennuie pas
Dominum Praesidem,	Monsieur le Président,
Doctissimam Facultatem,	La docte Faculté,
105 *Et totam honorabilem*	Et toute l'honorable
Companian ecoutantem,	Assemblée qui m'écoute
Faciam illi unam quaestionem.	Je lui ferai une seule question.
De hiero maladus unus	Hier un malade
Tombavit in meas manus :	Tomba dans mes mains ;
110 *Habet grandam fievram cum redoublamentis,*	Il a une forte fièvre avec des accès répétés,
Grandam dolorem capitis,	Une grande douleur de tête,
Et grandum malum au costé,	Un grand mal au côté,
Cum granda difficultate	Une grande difficulté
Et pena de respirare :	Et peine à respirer.
115 *Veillas mihi dire,*	Veux-tu me dire,
Docte Bacheliere,	Docte bachelier,
Quid illi facere ?	Que faire pour lui ?

BACHELIERUS — LE BACHELIER

Clysterium donare,	Le clystère donner,
Postea seignare,	Puis saigner,
120 *Ensuitta purgare.*	Ensuite purger.

QUINTUS DOCTOR — CINQUIÈME DOCTEUR

Mais si maladia	Mais si la maladie
Opiniatria	Opiniâtre
Non vult se garire,	Ne veut être guérie,
Quid illi facere ?	Que faire pour lui ?

BACHELIERUS	**LE BACHELIER**
125 *Clysterium donare,*	Le clystère donner,
Postea seignare,	Puis saigner,
Ensuitta purgare.	Ensuite purger.
CHORUS	**LE CHŒUR**
Bene, bene, bene, bene	Bien, bien, bien, il a bien répondu
respondere :	
Dignus, dignus est entrare	Digne, digne, il est digne d'entrer
130 *In nostro docto corpore.*	Dans notre savante corporation.
PRÆSES	**LE PRÉSIDENT**
Juras gardare statuta	Jures-tu de garder les règles
Per Facultatem praescripta	Prescrites par la Faculté
Cum sensu et jugeamento ?	Avec bon sens et jugement ?
BACHELIERUS	**LE BACHELIER**
Juro.	Je le jure.
PRÆSES	**LE PRÉSIDENT**
135 *Essere, in omnibus*	D'être dans toutes
Consultationibus,	Consultations
Ancieni aviso,	De l'avis d'un ancien,
Aut bono,	Qu'il soit bon
Aut mauvaiso ?	Ou qu'il soit mauvais ?
BACHELIERUS	**LE BACHELIER**
140 *Juro.*	Je le jure.

Præses	**Le président**
De non jamais te servir	De ne jamais te servir
De remediis aucunis	De remèdes autres
Quam de ceux seulement	Que de ceux seulement
doctae Facultatis,	de la docte Faculté
Maladus dust-il crevare,	Le malade dût-il en crever
145 *Et mori de suo malo ?*	Et mourir de sa maladie ?
Bachelierus	**Le bachelier**
Juro.	Je le jure.
Præses	**Le président**
Ego, cum isto boneto	Moi, avec ce bonnet
Venerabili et docto,	Vénérable et savant,
Dono tibi et concedo	Je te donne et concède
150 *Virtutem et puissanciam*	La vertu et puissance
Medicandi,	De médiciner,
Purgandi,	De purger,
Seignandi,	De saigner,
Perçandi,	De percer,
155 *Taillandi,*	De tailler,
Coupandi.	De couper,
Et occidendi	Et de tuer
Impune per totam terram.	Impunément par toute la terre.

ENTRÉE DE BALLET

Tous les Chirurgiens et Apothicaires viennent lui faire la révérence en cadence.

Troisième intermède : défilé des médecins, vignette de Tony Johannot, 1835, Paris, Paulin éditeur.

BACHELIERUS	LE BACHELIER
Grandes doctores doctrinae	Grands docteurs de la doctrine
De la rhubarbe et du séné,	De la rhubarbe et du séné,
Ce serait sans douta à moi chosa folla,	Ce serait sans doute pour moi chose folle,
Inepta et ridícula,	Inepte et ridicule,
Si j'alloibam m'engageare	Si j'allais m'engager
Vobis louangeas donare,	À vouloir vous louer,
Et entreprenoibam adjoutare	Et si j'entreprenais d'ajouter
Des lumieras au soleillo,	Des lumières au soleil,

	Et des étoilas au cielo,	Et des étoiles au ciel,
170	*Des ondas à l'Oceano,*	Des ondes à l'océan,
	Et des rosas au printanno.	Et des roses au printemps.
	Agreate qu'avec uno moto,	Agréez qu'avec un seul mot
	Pro toto remercimento,	Pour tout remerciement,
	Rendam gratiam corpori	Je rende grâce à un corps
	tam docto.	si savant.
175	*Vobis, vobis debeo*	À vous, à vous je dois
	Bien plus qu'à naturae	Bien plus qu'à la nature
	et qu'à patri meo :	et qu'à mon père :
	Natura et pater meus	La nature et mon père
	Hominem me habent factum ;	Ont de moi fait un homme.
	Mais vos me, ce qui est bien plus,	Mais vous, ce qui est bien plus,
180	*Avetis factum medicum,*	Avez de moi fait un médecin.
	Honor, favor, et gratia	L'honneur, la faveur et la grâce
	Qui, in hoc corde que voilà,	Que vous me faits en ce cœur que voilà,
	Imprimant ressentimenta	Impriment des sentiments
	Qui dureront in secula.	Qui dureront pour des siècles.

CHORUS   LE CHŒUR

185	*Vivat, vivat, vivat, vivat,*	Vive, vive, vive, vive, vive
	cent fois vivat,	cent fois
	Novus Doctor, qui tam bene	Au nouveau docteur qui parle
	parlat !	si bien !
	Mille, mille annis et manget	Que pendant mille et mille ans
	et bibat,	il mange et il boive,
	Et seignet et tuat !	Et qu'il saigne et qu'il tue !

ENTRÉE DE BALLET

Tous les Chirurgiens et les Apothicaires dansent au son des instruments et des voix, et des battements de mains, et des mortiers[1] d'apothicaires.

CHIRURGUS	LE CHIRURGIEN
Puisse-t-il voir doctas	Puisse-t-il voir ses doctes
Suas ordonnancias	Ordonnances
Omnium chirurgorum	De tous les chirurgiens
Et apothiquarum	Et apothicaires
Remplire boutiquas !	Remplir les officines !

CHORUS	LE CHŒUR
Vivat, vivat, vivat, vivat, cent fois vivat,	Vive, vive, vive, vive, vive cent fois
Novus Doctor, qui tam bene parlat !	Au nouveau docteur qui parle si bien !
Mille, mille annis et manget et bibat,	Que pendant mille et mille ans il mange et il boive,
Et seignet et tuat !	Et qu'il saigne et qu'il tue !

CHIRURGUS	LE CHIRURGIEN
Puissent toti anni	Puissent toutes les années
Lui essere boni	Lui êtres bonnes
Et favorabiles,	Et favorables !
Et n'habere jamais	Puisse-t-il n'avoir jamais
Quam pestas, verolas	Que pestes, que véroles,
Fievras, pluresias,	Que fièvres, pleurésies,
Fluxus de sang, et dyssenterias !	Flux de sang, dysenteries !

---

1. Mortiers : récipients servant à broyer certaines substances.

Chorus	Le chœur
Vivat, vivat, vivat, vivat, cent fois vivat,	Vive, vive, vive, vive, vive cent fois
Novus Doctor, qui tam bene parlat !	Au nouveau docteur qui parle si bien !
Mille, mille annis et manget et bibat,	Que pendant mille et mille ans il mange et il boive,
Et seignet et tuat !	Et qu'il saigne et qu'il tue !

DERNIÈRE ENTRÉE DE BALLET

Bilan de lecture
Le Malade imaginaire

Le point en 12 questions

● Le contexte biographique et culturel

1. Quel âge Molière a-t-il lorsqu'il joue dans *Le Malade imaginaire* ?

2. Quelles sont ses autres comédies dans lesquelles il raille les médecins ?

3. Quelles critiques peuvent être émises à l'encontre de la médecine de l'époque ?

● Les thèmes de l'œuvre

4. Pourquoi Argan veut-il qu'Angélique épouse Thomas Diafoirus ?

5. Comment Cléante s'y prend-il pour déclarer son amour à Angélique ?

6. À quel professionnel Béline fait-elle appel ? Dans quel but ?

● L'écriture dramaturgique

7. Quelles scènes relèvent du théâtre dans le théâtre ?

8. Pourquoi la scène de la fausse mort d'Argan est-elle déterminante pour le dénouement ?

9. Quel est le but de la cérémonie du troisième intermède ?

● Spectacle et comédie

10. Quels types de personnages les intermèdes font-ils intervenir ?

11. Quels éléments de la pièce relèvent de la farce ?

12. Quelles caractéristiques font de cette pièce un spectacle total ?

parcours
LITTÉRAIRE

Spectacle et comédie

PARCOURS

INTRO

Un texte de théâtre est d'abord fait pour être joué. Mais il ne contient jamais toutes les informations sur la manière de le représenter sur scène. C'est la fonction du metteur en scène que de concevoir cette manière selon sa lecture et son interprétation du texte. Quelle gestuelle des acteurs ? Quelle diction ? Quels costumes, quel décor, quel bruitage ? La mise en scène a pour but d'apporter des réponses concrètes à toutes ces questions. Toute représentation théâtrale est donc un spectacle. Dans le langage courant, l'expression « aller au spectacle » est d'ailleurs souvent synonyme d'« aller au théâtre », et, par extension, à un concert, au music-hall, à un tour de chant…

Plus encore que la tragédie, la comédie présente la particularité de fréquemment contenir un spectacle dans le spectacle qu'elle-même constitue. C'est un phénomène qui peut s'appréhender à trois niveaux : celui du personnage, celui de la dramaturgie et celui du genre même de la comédie.

Tantôt c'est un personnage qui, consciemment ou non, se donne en spectacle aux yeux de son entourage. Trois exemples en sont donnés dans la première partie : le soldat fanfaron (● TEXTE 1), la femme qui se croit aimée du monde entier (● TEXTE 2) et le personnage qui se déguise (● TEXTE 3).

Tantôt c'est le théâtre qui, dans quelques-unes de ses dimensions, devient le sujet de la comédie. C'est l'objet de la deuxième partie avec les notions de méta-théâtre (● TEXTE 4), de théâtre dans le théâtre (● TEXTE 5) et d'anti-théâtre (● TEXTE 6).

Tantôt enfin c'est la comédie qui, au contact d'autres arts du spectacle vivant, évolue dans sa conception. La troisième partie en donne trois illustrations avec la comédie-ballet (● TEXTE 7), l'influence de l'opéra-comique (● TEXTE 8) et du cirque (● TEXTE 9).

I • LE PERSONNAGE QUI SE DONNE EN SPECTACLE

Parce qu'ils sont une source de comique, la comédie campe souvent des personnages atteints d'une **lubie** ou en proie à une **obsession**. Ce sont des **maniaques**, qui rapportent tout à leur idée fixe. En eux-mêmes et par eux-mêmes, ils sont ainsi un spectacle que volontairement ou non ils donnent aux autres personnages de la pièce, qui généralement s'en amusent. Trois de ces personnages appartiennent à l'**une des plus anciennes traditions comiques** : le soldat fanfaron, la femme qui se croit aimée de tous les hommes et le déguisé qui joue la comédie aux autres.

1. Le soldat fanfaron

Dramaturge latin, Plaute est l'auteur de plusieurs comédies à succès, dont *Le Soldat fanfaron (Miles gloriosus)*. Se vantant d'être le plus grand guerrier de tous les temps, ce soldat est en réalité le plus lâche de tous les hommes. Corneille s'est inspiré de cette longue tradition pour créer son personnage de Matamore dans *L'Illusion comique* (1635). Ce type du vantard **se donne la comédie** et **la donne à son entourage**, qui ne croit pas un mot de ce qu'il dit et qui, parfois, l'entretient dans son délire. Il est à lui seul un spectacle pour qui le voit et l'entend.

TEXTE 1

Plaute (254-184 av. J.-C.), ***Le Soldat fanfaron*** (191 av. J.-C.), traduit du latin par J. Naudet, scène 1

> *Pyrgopolinice est l'ancêtre de tous les fanfarons. En grec, son nom signifie « le vainqueur des tours et des villes ». Dès son entrée en scène, le voici rappelant ses exploits – qui sont trop nombreux et trop extraordinaires pour être crédibles. Il s'adresse à ses esclaves.*

PYRGOPOLINICE. – Soignez mon bouclier ; que son éclat soit plus resplendissant que les rayons du soleil dans un ciel pur. Il faut qu'au jour de la bataille, quand il sera temps, les ennemis, dans le feu de la mêlée, aient la vue éblouie par ses feux.
5 Et toi, mon épée, console-toi, ne te lamente pas tant, ne laisse

point abattre ton courage, s'il y a trop longtemps que je te porte oisive à mon côté, tandis que tu frémis d'impatience de faire un hachis d'ennemis. Mais où est Artotrogus ?

ARTOTROGUS[1]. – Le voici, fidèle compagnon d'un guerrier fortuné, intrépide[2], beau comme un roi, vaillant comme un héros. Mars[3] n'oserait, pour vanter ses prouesses, les comparer aux tiennes.

PYRGOPOLINICE. – Lui que je sauvai dans les champs Gurgustidoniens[4], où commandait en chef Bombomachidès Cluninstaridysarchidès[5], petit-fils de Neptune[6] ?

ARTOTROGUS. – Je m'en souviens ; tu veux parler de ce guerrier aux armes d'or, dont tu dispersas d'un souffle les légions, comme le vent dissipe les feuilles ou le chaume[7] des toits.

PYRGOPOLINICE. – Ce n'est rien, par Pollux[8], que cette prouesse.

ARTOTROGUS. – Rien, par Hercule[9], au prix de toutes les autres... *(À part.)* ... que tu n'as jamais faites. Si l'on peut voir un plus effronté menteur, un glorieux plus vain, je me livre à qui le trouvera, en toute propriété[10] pour une confiture d'olives, et je consens à enrager la faim dans ma nouvelle condition.

PYRGOPOLINICE. – Où es-tu ?

ARTOTROGUS. – Me voici. Et dans l'Inde, par Pollux, comme tu cassas, d'un coup de poing, le bras d'un éléphant !

PYRGOPOLINICE. – Comment, le bras ?

ARTOTROGUS. – Je voulais dire la cuisse.

PYRGOPOLINICE. – Et j'y allais négligemment[11].

---

1. Artotrogus : nom qui signifie en latin « le rongeur de pain ».
2. Intrépide : brave, courageux.
3. Mars : dieu de la guerre.
4. Gurgustidoniens : adjectif inventé par Plaute d'après le mot latin *gurgustium*, signifiant « un cabaret louche ». Pyrgopolinice a donc davantage fréquenté les tavernes que les champs de bataille.
5. Ce nom ne veut rien dire ; par sa longueur et ses syllabes sonores, il ne vise qu'à susciter le rire.
6. Neptune : dieu des océans.
7. Le chaume : la paille qui recouvre le toit des maisons.
8. Pollux : demi-dieu, fils de Léda et de Jupiter (Zeus).
9. Hercule : demi-dieu, fils d'Alcmène et de Jupiter, célèbre pour ses exploits.
10. Dans la Rome antique, les esclaves sont la propriété de leurs maîtres.
11. Négligemment : avec indifférence, détachement.

Artotrogus. – Si tu y avais mis toute ta force, par Pollux, tu aurais traversé le cuir, le ventre, la mâchoire de l'éléphant avec ton bras.

35 Pyrgopolinice. – Trêve pour le moment à ce récit[1].

Artotrogus. – Par Hercule, tu n'as pas besoin de me raconter tes hauts faits, à moi qui les connais si bien. *(À part.)* C'est mon ventre qui me cause tous ces ennuis ; il faut que mes oreilles les endurent, pour que mes dents ne s'allongent
40 pas ; et je suis obligé d'applaudir à tous les mensonges qu'il lui plaît d'inventer.

> **Autres soldats fanfarons célèbres**
>
> Ce personnage du soldat fanfaron se trouve aussi :
> – dans la comédie grecque *Les Acharniens* (425 av. J.-C.) d'Aristophane ;
> – dans la comédie italienne sous le nom de **capitan** ;
> – dans la farce, en France, sous celui de **Fier-à-Bras** ;
> – dans le long poème héroï-comique de l'Arioste, *Roland furieux* (1516) avec **Rodomont** (d'où le mot « rodomontade », synonyme de fanfaronnade) ;
> – dans la comédie *Le Pédant joué* (1646) de Cyrano de Bergerac, sous celui de **Chasteaufort**.

2. La femme qui se croit aimée de tous les hommes

Plus âgé que Corneille (1606-1684) et Molière (1622-1673), Desmarets de Saint-Sorlin (1595-1676) est l'auteur de la comédie des *Visionnaires* (1637), qui remporta un vif succès tout au long du XVIIe siècle. Les « visionnaires » sont des fous, des obsédés, des gens en proie à une idée fixe, des **extravagants**, comme on disait alors, des **mythomanes**, comme nous dirions aujourd'hui.

La pièce se présente comme une galerie de portraits. Après Artabaze, un soldat fanfaron, voici Hespérie, qui s'imagine que tous les hommes de la terre soupirent après elle et parfois meurent à cause d'elle. Ce type de personnage est **un spectacle en soi**, qui amuse et parfois agace son entourage, car il est impossible de lui faire entendre raison.

---
1. Trêve pour le moment à ce récit : assez parler de ce sujet.

PARCOURS

TEXTE 2 — Desmarets de Saint-Sorlin (1595-1676), *Les Visionnaires* (1637), acte II, scène 2

Hespérie et Mélisse sont deux sœurs. La première vient de surprendre la seconde avec Phalante. Hespérie en conclut aussitôt que c'est elle que Phalante aime en réalité. Malgré ses efforts, Mélisse ne parviendra pas à la détromper.

HESPÉRIE
Ma sœur, dites le vrai, que vous disait Phalante ?

MÉLISSE
Il me parlait d'amour.

HESPÉRIE
Ô la ruse excellente !
Donc il s'adresse à vous, n'osant pas m'aborder,
Pour vous donner le soin[1] de me persuader ?

MÉLISSE
5 Ne flattez point, ma sœur, votre esprit de la sorte.
Phalante me parlait de l'amour qu'il me porte.
[…]

HESPÉRIE
Vous pensez m'abuser d'un entretien moqueur,
Pour prendre mieux le temps de le mettre en mon cœur ;
Mais, ma sœur, croyez-moi, n'en prenez point la peine.
10 En vain vous me direz que je suis inhumaine[2],
Que je dois par pitié soulager ses amours ;
Cent fois le jour j'entends de semblables discours.
Je suis de mille amants sans cesse importunée,
Et crois qu'à ce tourment le ciel m'a destinée.
15 L'on me vient rapporter[3] : Lysis[4] s'en va mourir,
D'un regard pour le moins venez le secourir ;

---

1. Le soin : la mission.
2. Inhumaine : insensible à l'amour, dans la langue galante de l'époque.
3. Rapporter : raconter.
4. Lysis : nom d'un soupirant imaginaire, comme tous les autres noms qui suivent.

170 • *Le Malade imaginaire*

Eurylas s'est plongé dans la mélancolie ;
L'amour de Licidas s'est tourné en folie ;
Périandre a dessein[1] de vous faire enlever ;
20 Une flotte d'amants vient de vous arriver ;
Si Corylas n'en meurt, il sera bien malade ;
Un roi pour vous avoir envoie une ambassade[2] ;
Thirsis vous idolâtre et vous dresse un autel ;
C'est pour vous ce matin que s'est fait un duel.
25 Aussi de mon portrait chacun veut la copie.
C'est pour moi qu'est venu le roi d'Éthiopie.
Hier j'en blessai trois d'un regard innocent ;
D'un autre plus cruel j'en fis mourir un cent[3].
Je sens, quand on me parle, une haleine de flamme.
30 Ceux qui n'osent parler m'adorent en leur âme.
Mille viennent par jour se soumettre à ma loi.
Je sens toujours des cœurs voler autour de moi.
Sans cesse des soupirs sifflent à mes oreilles.
Mille vœux élancés m'entourent comme abeilles.
35 Les pleurs près de mes pieds courent comme torrents.
Toujours je pense ouïr[4] la plainte des mourants.
Un regret, un sanglot, une voix languissante,
Un cri désespéré d'une douleur pressante,
Un « je brûle d'amour », un « hélas, je me meurs ! »
40 La nuit je n'en dors point, je n'entends que clameurs
Qui d'un trait de pitié s'efforcent de m'atteindre :
Voyez, ma chère sœur, suis-je pas bien à plaindre ?

MÉLISSE

Il faut vous détromper : il n'en est pas ainsi.
Ce nouvel amoureux qui me parlait ici,
45 Qui se promet de rendre une fille opulente[5]...

---

1. **A dessein** : a le projet.
2. **Ambassade** : groupe de personnes envoyées pour remplir une mission.
3. **Un cent** : une centaine.
4. **Ouïr** : entendre.
5. **Opulente** : riche.

HESPÉRIE
Quoi ! vous voulez encor[1] me parler de Phalante ?
Que vous êtes cruelle !

> **Quelques autres extravagants**
>
> • Cette Hespérie annonce le personnage de **Bélise** dans *Les Femmes savantes* (1672) de Molière ; elle aussi s'imagine courtisée par tous les hommes. Dans le genre des extravagantes figurent aussi, chez Molière encore, **les précieuses ridicules** dans la pièce du même nom (1659).
> • Chez les hommes, il y a le personnage du **Menteur** dans la pièce du même nom (1643-1644) de Corneille ; ou tous les obsédés par une idée fixe, comme **Argan** qui se croit malade.

3. Le déguisé qui joue la comédie

Le **déguisement** fait partie des **ressorts traditionnels** de la comédie : il existait déjà dans les farces du Moyen Âge. *Le Malade imaginaire* en compte deux : celui de Cléante en maître de musique et celui de Toinette en médecin. C'est une manière de tromper autrui et d'obtenir de façon détournée ce qu'on souhaite. Le déguisement introduit ainsi un **spectacle dans la comédie**.

Avec *Le Jeu de l'amour et du hasard* (1730), Marivaux (1688-1763) en fait un usage très subtil. Silvia et Dorante, tous deux de bonne famille, doivent se marier. Mariage de convenance comme c'était alors fréquent. Pour observer son futur mari à loisir, Silvia décide de prendre la place de Lisette, sa suivante, qui, elle, prendra la place de sa maîtresse. Dorante, de son côté, a eu la même idée, et se présente sous les traits et l'habit de Bourguignon, son valet, qui, lui, prend sa place. Silvia-Lisette se sent bientôt plus attirée par Dorante-Bourguignon, tandis que ce dernier s'éprend de celle-ci. Mais comment pour Silvia épouser un valet et, pour Dorante, épouser une soubrette ?

---

1. Encor : encore (licence poétique afin de respecter les douze syllabes de l'alexandrin).

TEXTE 3

Marivaux (1688-1763), *Le Jeu de l'amour et du hasard* (1730), acte II, scène 9

Dans cet extrait, le spectacle se joue à deux niveaux : déguisé en valet, Dorante donne la comédie à Silvia, dont il ignore qui elle est vraiment. De son côté, déguisée en soubrette, Silvia donne la comédie à Dorante, dont elle ignore qui il est vraiment. Chacun d'eux se donne la comédie. L'irruption d'Orgon et de Mario (respectivement le père et le frère de Silvia), indiquée par la didascalie, et qui sont tous deux informés du double travestissement, les place dans la position de spectateurs. Ils assistent, comme le public dans la salle, à ce « jeu ».

DORANTE. — Et je n'ai fait qu'une faute, c'est de n'être pas parti dès que je t'ai vue.

SILVIA, *à part*. — J'ai besoin à tout moment d'oublier que je l'écoute.

DORANTE. — Si tu savais, Lisette, l'état où je me trouve…

SILVIA. — Oh, il n'est pas si curieux à savoir que le mien, je t'en assure.

DORANTE. — Que peux-tu me reprocher ? Je ne me propose pas de te rendre sensible[1].

SILVIA, *à part*. — Il ne faudrait pas s'y fier.

DORANTE. — Et que pourrais-je espérer en tâchant de me faire aimer ? hélas ! quand même j'aurais ton cœur…

SILVIA. — Que le Ciel m'en préserve ! quand tu l'aurais, tu ne le saurais pas, et je ferais si bien que je ne le saurais pas moi-même : tenez, quelle idée il lui vient là !

DORANTE. — Il est donc bien vrai que tu ne me hais, ni ne m'aimes, ni ne m'aimeras ?

SILVIA. — Sans difficulté.

DORANTE. — Sans difficulté ! Qu'ai-je donc de si affreux ?

SILVIA. — Rien, ce n'est pas là ce qui te nuit.

---

1. De te rendre sensible : de te rendre amoureuse (de moi).

DORANTE. – Eh bien, chère Lisette, dis-le moi cent fois, que tu ne m'aimeras point.

SILVIA. – Oh, je te l'ai assez dit, tâche de me croire.

DORANTE. – Il faut que je le croie ! Désespère une passion
25 dangereuse, sauve-moi des effets que j'en crains ; tu ne me hais, ni ne m'aimes, ni ne m'aimeras ! accable mon cœur de cette certitude-là. J'agis de bonne foi, donne-moi du secours contre moi-même, il m'est nécessaire, je te le demande à genoux.

30 *Il se jette à genoux. Dans ce moment, Monsieur Orgon et Mario entrent et ne disent mot.*

SILVIA. – Ah, nous y voilà ! il ne manquait plus que cette façon-là[1] à mon aventure ; que je suis malheureuse ! c'est ma facilité[2] qui le place là ; lève-toi donc, Bourguignon, je t'en
35 conjure ; il peut venir quelqu'un. Je dirai ce qu'il te plaira, que me veux-tu ? je ne te hais point, lève-toi, je t'aimerais si je pouvais, tu ne me déplais point, cela doit te suffire.

DORANTE. – Quoi ! Lisette, si je n'étais pas ce que je suis, si j'étais riche, d'une condition honnête, et que je t'aimasse
40 autant que je t'aime, ton cœur n'aurait point de répugnance pour moi ?

SILVIA. – Assurément.

II • LE THÉÂTRE, UN SPECTACLE DANS LA COMÉDIE

Il arrive aussi que, spectacle théâtral, la comédie prenne le théâtre pour sujet. Selon les cas, il s'agit d'un méta-théâtre, d'un théâtre dans le théâtre, voire d'un anti-théâtre.

---

1. Cette façon-là : cette circonstance-là.   **2. Ma facilité** : ma complaisance.

1. Le méta-théâtre, ou tout ce qui précède ou entoure la pièce

Le méta-théâtre met en scène tout ce qui précède ou entoure la création d'une pièce, mais pas la pièce elle-même: la **distribution des rôles**, les **répétitions**, les **consignes** du metteur en scène, les **réactions** des comédiens – tout ce à quoi les spectateurs n'assistent jamais. Ce méta-théâtre devient alors le spectacle lui-même.

L'Impromptu[1] de Versailles (1663) de Molière en est l'exemple même. La pièce se déroule dans le château de Versailles. Molière et ses comédiens répètent pour la première et la dernière fois une pièce improvisée à la hâte qu'ils doivent jouer tout de suite après devant Louis XIV. La pièce consiste donc en la répétition d'une pièce.

> **Le méta-théâtre, un procédé souvent utilisé**
>
> Ce procédé qui fait des préparatifs d'un spectacle un spectacle en lui-même a très souvent été utilisé. On le trouve entre autres:
> – chez **Marivaux** (1688-1763) dans *Les Acteurs de bonne foi* (1748);
> – chez l'Italien **Pirandello** (1867-1936) dans *Six Personnages en quête d'auteur* (1921);
> – chez **Jean Giraudoux** (1882-1944) dans *L'Impromptu de Paris* (1937);
> – chez **Jean Anouilh** (1910-1987) dans *La Répétition ou l'Amour puni* (1950).

TEXTE 4 — Molière (1622-1673), *L'Impromptu de Versailles* (1663), scène 1

Dans cette comédie en un acte, Molière, à la fois auteur, directeur de troupe, acteur et metteur en scène, distribue les rôles à ses comédiens et leur donne ses consignes sur la façon de jouer leurs personnages, sur leur façon de s'exprimer et sur leur gestuelle.

---

1. Impromptu: petite pièce de théâtre composée sur le champ et, en principe, sans préparation.

MADEMOISELLE DU PARC[1]. – Mon Dieu, pour moi je m'acquitterai fort mal de mon personnage[2], et je ne sais pas pourquoi vous m'avez donné ce rôle de façonnière[3].

MOLIÈRE. – Mon Dieu, Mademoiselle, voilà comme vous disiez lorsque l'on vous donna celui de *La Critique de L'École des femmes*[4] ; cependant vous vous en êtes acquittée à merveille, et tout le monde est demeuré d'accord qu'on ne peut pas mieux faire que vous avez fait. Croyez-moi, celui-ci sera de même ; et vous le jouerez mieux que vous ne pensez.

MADEMOISELLE DU PARC. – Comment cela se pourrait-il faire ? car il n'y a point de personne au monde qui soit moins façonnière que moi.

MOLIÈRE. – Cela est vrai ; et c'est en quoi vous faites mieux voir que vous êtes excellente comédienne, de bien représenter un personnage qui est si contraire à votre humeur[5]. Tâchez donc de bien prendre, tous, le caractère de vos rôles, et de vous figurer que vous êtes ce que vous représentez. *(À Du Croisy[6].)* Vous faites le poète, vous, et vous devez vous remplir de ce personnage, marquer cet air pédant[7] qui se conserve parmi le commerce du beau monde[8], ce ton de voix sentencieux[9], et cette exactitude de prononciation qui appuie sur toutes les syllabes, et ne laisse échapper aucune lettre de la plus sévère[10] orthographe. *(À Brécourt[11].)* Pour

---

1. Mademoiselle du Parc (1633-1668) : une des actrices de la troupe de Molière, qu'elle quittera en 1667 pour la troupe de l'Hôtel de Bourgogne où elle créa le rôle-titre de la tragédie de Racine, *Andromaque* (1667). Dans la tradition du spectacle, une actrice, même mariée, s'appelle « mademoiselle ». Marquise du Parc était mariée à Gros-René, un des acteurs de Molière.
2. Je m'acquitterai fort mal de mon personnage : je remplirai fort mal le rôle de mon personnage.
3. Façonnière : qui fait trop de manières, de « façons ».
4. Créée en 1662, *L'École des femmes* avait suscité une vive polémique, à laquelle Molière avait répondu par *La Critique de L'École des femmes* (1663).
5. Humeur : tempérament, caractère.
6. Du Croisy (1626-1695) : un des acteurs de la troupe de Molière depuis 1659.
7. Cet air pédant : cet air prétentieux, faussement savant.
8. Le commerce du beau monde : la fréquentation des gens riches et cultivés.
9. Sentencieux : pompeux, grave.
10. La plus sévère : la plus stricte ; le personnage prononce absolument toutes les lettres d'un mot.
11. Brécourt (1638-1685) : un des acteurs de la troupe de Molière, à laquelle il n'appartient que brièvement.

vous, vous faites un honnête homme de cour[1], comme vous
avez déjà fait dans *La Critique de L'École des femmes*, c'est-
à-dire que vous devez prendre un air posé, un ton de voix
naturel, et gesticuler le moins qu'il vous sera possible. *(À de
La Grange[2].)* Pour vous, je n'ai rien à vous dire. *(À Mademoiselle Béjart[3].)* Vous, vous représentez une de ces femmes qui,
pourvu qu'elles ne fassent point l'amour, croient que tout
le reste leur est permis, de ces femmes qui se retranchent[4]
toujours fièrement sur leur pruderie, regardent un chacun
de haut en bas, et veulent que toutes les plus belles qualités
que possèdent les autres ne soient rien en comparaison d'un
misérable honneur dont personne ne se soucie. Ayez toujours ce caractère devant les yeux, pour en bien faire les grimaces[5]. *(À Mademoiselle de Brie[6].)* Pour vous, vous faites une
de ces femmes qui pensent être les plus vertueuses personnes
du monde, pourvu qu'elles sauvent les apparences, de ces
femmes qui croient que le péché n'est que dans le scandale,
qui veulent conduire doucement les affaires qu'elles ont sur
le pied d'attachement honnête, et appellent amis ce que les
autres nomment galants[7]. Entrez bien dans ce caractère.

---

1. Un honnête homme de cour : un homme cultivé et raisonnable fréquentant la cour, sans être un courtisan.
2. La Grange (1635-1692) : acteur de la troupe et ami personnel de Molière.
3. Mademoiselle Béjart (1618-1672) : actrice et compagne de Molière (avant de devenir sa belle-mère) depuis les débuts de celui-ci au théâtre. Elle est ici censée interpréter le personnage d'une prude.
4. Se retranchent : se cachent (derrière leur pruderie).
5. Pour en bien faire les grimaces : pour bien en imiter et caricaturer les expressions.
6. Mademoiselle de Brie (1630-1706) : une des actrices de Molière, interprétant ici une coquette ; elle sera Béline dans *Le Malade imaginaire*.
7. Galants : soupirants.

PARCOURS

2. Le théâtre dans le théâtre

Le théâtre dans le théâtre diffère du méta-théâtre, en ce sens qu'il ne met pas en scène la répétition d'une pièce, mais la pièce elle-même, ou l'un de ses fragments. C'est une **mise en abyme**, procédé consistant à représenter une œuvre dans une œuvre similaire (par exemple, un récit dans le récit ou un film dans le film). Les personnages d'une pièce A sont des comédiens. Comme leur métier est de jouer, ils interprètent une pièce B, qui vient s'insérer dans la pièce A. L'habileté pour un dramaturge consiste alors à tisser des liens et des correspondances entre la pièce A et la pièce B. Le spectateur ne sait donc bientôt plus ce qui relève du **réel** (la pièce A) et de la **fiction**, de l'**illusion** (la pièce B). Ses certitudes s'effondrent : où est le vrai ? où est le faux ? qui est qui ? Ne restent que des apparences. Aussi n'est-il pas étonnant que le **baroque**[1] pour qui rien n'est stable et tout est changeant ait beaucoup usé de ce procédé du théâtre dans le théâtre.

> **Entre apparence et réalité**
>
> Au théâtre, le spectateur croit, **par convention**, que ce qu'il voit sur scène est « vrai », alors que ce n'est qu'une fiction, qu'une illusion. Quand dans cette fiction vient s'insérer une autre fiction, le spectateur ne sait plus ce qui relève des apparences ou de la réalité.

L'Illusion comique (1635) de Corneille repose sur un tel procédé. Pridamant est un père qui s'inquiète de n'avoir depuis longtemps aucune nouvelle de son fils, Clindor. En désespoir de cause, il va consulter le mage Alcandre, aux pouvoirs quasi surnaturels. Celui-ci accepte de l'aider. Sur le fond d'une grotte dont il se sert comme d'un écran, il lui montre ce que devient son fils. Fin, provisoire, de la pièce A et début de la pièce B. Pridamant voit son fils poursuivi pour meurtre par la

> ***L'Illusion comique* : le sens du titre**
>
> C'est « l'illusion » que procure le théâtre, en général. « Comique » signifie ici « **ce qui a trait au théâtre** », et non pas ce qui fait rire. Ce sens subsiste encore de nos jours dans l'appellation de la « **Comédie-Française** », qui joue aussi bien des comédies que des drames ou des tragédies.

---

1. Le baroque : courant esthétique européen (1580-1630). Voir page 10.

178 • *Le Malade imaginaire*

police, être arrêté, jugé, condamné à mort et attendre son exécution. Fin de la pièce B et reprise de la pièce A. Pridamant est désespéré, ne songe qu'à mourir, quand Alcandre lui révèle que ce qu'il a vu était le fragment d'une tragédie que son fils, devenu comédien, interprétait. Soulagement de Pridamant, qui reconnaît avoir été victime d'une «illusion», c'est-à-dire des apparences.

TEXTE 5 — **Corneille** (1606-1684), ***L'Illusion comique*** (1635), acte V, scène 6

Voici le moment où Alcandre révèle à Pridamant la vérité sur son fils. La didascalie, insérée dans le texte par Corneille, montre bien que nous sommes au théâtre, et que celui-ci est un monde d'apparences.

ALCANDRE

D'un juste désespoir l'effort[1] est légitime,
Et de le détourner je croirais faire un crime.
Oui, suivez ce cher fils sans attendre à demain,
Mais épargnez du moins ce coup à votre main :
5 Laissez faire aux douleurs qui rongent vos entrailles,
Et, pour les redoubler, voyez ses funérailles.

On tire un rideau et on voit tous les comédiens qui partagent leur argent.

PRIDAMANT

Que vois-je ! chez les morts compte-t-on de l'argent ?

ALCANDRE

10 Voyez si pas un d'eux s'y montre négligent[2] !

---

1. L'effort : la violence.   **2. Négligent** : indifférent.

PRIDAMANT

Je vois Clindor, Rosine[1]. Ah! Dieu! quelle surprise!
Je vois leur assassin, je vois sa femme et Lyse!
Quel charme[2] en un moment étouffe leurs discords[3]
Pour assembler ainsi les vivants et les morts?

ALCANDRE

15 Ainsi, tous les acteurs d'une troupe comique[4],
Leur poème[5] récité, partagent leur pratique[6].
L'un tue et l'autre meurt, l'autre vous fait pitié,
Mais la scène préside à leur inimitié.
Leurs vers font leur combat, leur mort suit leurs paroles,
20 Et sans prendre intérêt en pas un de leurs rôles[7],
Le traître et le trahi, le mort et le vivant
Se trouvent à la fin amis comme devant[8].
Votre fils et son train[9] ont bien su par leur fuite
D'un père et d'un prévôt[10] éviter la poursuite;
25 Mais tombant dans les mains de la nécessité,
Ils ont pris le théâtre[11] en cette extrémité.

PRIDAMANT

Mon fils comédien!

ALCANDRE

D'un art si difficile
Tous les quatre au besoin[12] en ont fait leur asile,
Et depuis sa prison ce que vous avez vu,
30 Son adultère amour, son trépas imprévu,

---

1. Rosine est aimée de Clindor, qui l'aime en retour.
2. Charme : sortilège.
3. Discords : désaccords.
4. Troupe comique : troupe de théâtre.
5. Leur poème : leur pièce ; ici la tragédie jouée par les acteurs. Au XVIIe siècle, une tragédie s'appelait aussi un « poème dramatique ».
6. Leur pratique : la recette (dont le partage était défini et géré par des règles très strictes).
7. Sans prendre intérêt en pas un de leurs rôles : sans se confondre personnellement avec chacun de leur rôle.
8. Devant : avant.
9. Son train : ses amis.
10. Un prévôt : un magistrat.
11. Ils ont pris le théâtre : ils sont devenus comédiens.
12. Au besoin : dans le besoin.

N'est que la triste fin d'une pièce tragique
Qu'il expose[1] aujourd'hui sur la scène publique,
Par où ses compagnons et lui, dans leur métier,
Ravissent dans Paris un peuple tout entier.
35 Le gain leur en demeure, et ce grand équipage[2]
Dont je vous ai fait voir le superbe étalage,
Est bien à votre fils, mais non pour s'en parer
Qu'alors que sur la scène il se fait admirer.

Pridamant

J'ai pris sa mort pour vraie, et ce n'était que feinte[3].

3. Un anti-théâtre, ou comment briser l'illusion théâtrale

Le Songe d'une nuit d'été (1596) de l'Anglais William Shakespeare (1564-1616) présente un cas particulier de spectacle dans une comédie. Dans une Grèce imaginaire, Thésée, duc d'Athènes, s'apprête à épouser la reine des Amazones. Pour célébrer l'événement, six artisans d'Athènes débattent de la meilleure manière de monter une pièce qui a pour sujet le mythe de Pyrame et Thisbé. Voilà qui relève du méta-théâtre. Mais ces artisans sont de piètres amateurs, qui ignorent la **distinction entre le réel et la fiction**, entre l'acteur et le personnage que celui-ci incarne. Voilà qui traite sur le mode comique le **thème de l'illusion**, qui est au cœur du théâtre dans le théâtre. C'est un anti-théâtre, en ce sens qu'il prend le **contrepied du théâtre**.

Pyrame et Thisbé s'aiment en dépit de la farouche opposition de leurs parents respectifs. Aussi se donnent-ils rendez-vous dans un lieu discret. Thisbé arrive la première, s'effraie de voir un lion à la gueule ensanglantée, s'enfuit, laisse tomber son voile que le lion déchire. Survient sur ces entrefaites Pyrame, qui, voyant le voile déchiré et plein de taches de sang, pense que Thisbé est morte et se suicide. Trouvant le corps

---

1. Qu'il expose: qu'il présente.
2. Équipage: habits, costumes (de scène).
3. Feinte: fiction.

sans vie de Pyrame, Thisbé se tuera à son tour. Ces éléments du mythe inquiètent les comédiens amateurs : que va penser le public ?

TEXTE 6

Shakespeare (1564-1616), **Le Songe d'une nuit d'été**
(1596), traduit par F.-V. Hugo, revue par Y. Florenne et É. Duret, © Le Livre de Poche, acte III, scène 1

Bottom remplit dans l'extrait qui suit la fonction de metteur en scène, mais sa stupidité l'empêche de la remplir convenablement. Il ignore tout des conventions théâtrales qui jouent sur les apparences.

BOTTOM[1]. – Il y a dans cette comédie de *Pyrame et Thisbé* des choses qui ne plairont jamais. D'abord, Pyrame doit tirer l'épée pour se tuer ; ce que les dames ne supporteront pas. Qu'avez-vous à répondre à ça ?

5 GROIN[2]. – Par Notre-Dame ! ça leur fera une peur terrible.
FAMÉLIQUE[3]. – Je crois que nous devons renoncer au meurtre final.

BOTTOM. – Pas le moins du monde. J'ai un moyen de tout arranger. Faites-moi un prologue[4] ; et que ce prologue affecte de
10 dire[5] que nous ne voulons pas nous faire de mal avec nos épées et que Pyrame n'est pas tué tout de bon ; et, pour les rassurer encore mieux, dites que moi, Pyrame, je ne suis pas Pyrame, mais Bottom le tisserand[6] : ça leur ôtera toute frayeur.

LECOIN[7]. – Soit, nous aurons un prologue comme ça, et il
15 sera écrit en vers de huit et de six syllabes.

BOTTOM. – Non ! deux syllabes de plus ! en vers de huit et de huit !
GROIN. – Est-ce que ces dames n'auront pas peur du lion ?
FAMÉLIQUE. – Je le crains fort, je vous assure.

---

1. Bottom : tisserand d'Athènes ; il fait office de metteur en scène.
2. Groin : artisan chaudronnier.
3. Famélique : tailleur.
4. Prologue : discours introduisant une pièce de théâtre.
5. Affecte de dire : dise très expressément.
6. Tisserand : ouvrier fabriquant des tissus.
7. Lecoin : charpentier.

BOTTOM. – Messieurs, réfléchissez-y bien. Amener, Dieu nous soit en aide! un lion parmi ces dames, c'est une chose fort effrayante; car il n'y a pas au monde de plus terrible rapace[1] que le lion, voyez-vous; et nous devons y bien regarder.

GROIN. – Eh bien, il faudra un autre prologue pour dire que ce n'est pas un lion.

BOTTOM. – Oui, il faudra que vous disiez le nom de l'acteur et qu'on voie la moitié de son visage à travers la crinière du lion; il faudra que lui-même parle au travers et qu'il dise ceci ou quelque chose d'équivalent: *Mesdames*, ou: *belles dames, je vous demande,* ou: *je vous invite*, ou: *je vous supplie de ne pas avoir peur, de ne pas trembler; ma vie répond de la vôtre. Si vous pensiez que je suis venu en vrai lion, ce serait fâcheux pour ma vie. Non, je ne suis rien de pareil: je suis un homme comme les autres hommes.* Et alors, ma foi, qu'il se nomme et qu'il leur dise franchement qu'il est Étriqué le menuisier.

LECOIN. – Allons, c'est entendu. Mais il y a encore deux choses difficiles: c'est d'amener le clair de lune dans une chambre; car, vous savez, Pyrame et Thisbé se rencontrent au clair de lune.

III • DES ARTS DU SPECTACLE DANS LA COMÉDIE

La comédie ne cesse enfin de se renouveler et de s'enrichir au contact d'autres formes de **spectacle vivant** que sont, par exemple, la comédie-ballet, les comédies influencées par l'opéra-comique ou par le cirque et les arts de la piste.

> **Le spectacle vivant**
>
> Tout spectacle présenté par des **comédiens**, professionnels ou amateurs, à un **public** est un spectacle vivant. Ses formes en sont variées, puisqu'elles englobent le théâtre, la danse, l'opéra, les concerts, les arts du cirque, de la rue ou les spectacles de marionnettes...

---

[1]. Les rapaces sont des oiseaux et les lions, des félins; c'est une erreur, comique, de Bottom.

1. La comédie-ballet, ancêtre de la comédie musicale

Molière est l'inventeur de la comédie-ballet. Le premier, il eut l'idée d'intégrer dans ses comédies des parties dansées, chantées et musicales. Des *Fâcheux* (1661) au *Bourgeois gentilhomme* (1670) et au *Malade imaginaire* (1673), qui en sont les plus réussies, Molière écrit ainsi treize comédies-ballets. Composées des principales formes d'expression artistiques, elles sont et offrent un **spectacle total**. Intégrer dans l'intrigue ces parties dansées et chantées constituait toutefois une difficulté majeure, parfois insurmontable. Aussi trouvaient-elles souvent refuge dans un **prologue** – quand l'action n'a pas encore commencé – ou dans des **intermèdes** – lorsque l'action est interrompue par les entractes – ou au **dénouement** – quand l'action est finie. Ce sont alors de véritables spectacles qui viennent se glisser à l'intérieur de la comédie. En voici un exemple, emprunté à *L'Amour médecin* de Molière.

TEXTE 7 — Molière (1622-1673), *L'Amour médecin* (1665), acte III, scènes 7 et 8

Sganarelle refuse absolument que sa fille Lucinde épouse Clitandre, pour n'avoir pas à financer sa dot. Lucinde en tombe malade; son père, inquiet, appelle un médecin, qui n'est autre que… Clitandre. Celui-ci fait croire à Sganarelle que pour guérir sa fille il faut faire semblant de la marier. Le père accepte. Quand il s'aperçoit qu'il a été berné, il est trop tard. La pièce s'achève sur des chants et des danses.

Scène 7 (fin de la scène)

LUCINDE. – Non, non : je veux avoir le contrat entre mes mains.

SGANARELLE. – Hé bien ! tiens. Es-tu contente ?

LUCINDE. – Plus qu'on ne peut s'imaginer.

5 SGANARELLE. – Voilà qui est bien, voilà qui est bien.

CLITANDRE. – Au reste, je n'ai pas eu seulement la précaution d'amener un notaire ; j'ai eu celle encore de faire venir des voix[1] et des instruments pour célébrer la fête et pour nous réjouir. Qu'on les fasse venir. Ce sont des gens que je mène[2] avec moi, et dont je me sers tous les jours pour pacifier avec leur harmonie[3] les troubles de l'esprit.

Scène 8 et dernière

La Comédie, le Ballet et la Musique[4]

Tous trois, *ensemble.*

Sans nous tous les hommes
Deviendraient malsains[5],
Et c'est nous qui sommes
Leurs grands médecins.

La Comédie

Veut-on qu'on rabatte,
Par des moyens doux,
Les vapeurs de la rate[6]
Qui vous minent tous ?
Qu'on laisse Hippocrate[7],
Et qu'on vienne à nous.

Tous trois, *ensemble.*

Sans nous…

Durant qu'ils chantent, et que les Jeux,
les Ris et les Plaisirs[8] dansent, Clitandre emmène Lucinde.

---

1. Des voix : des chanteurs.
2. Je mène : j'emmène.
3. Pour pacifier avec leur harmonie : pour apaiser par leurs chants et musique.
4. Il s'agit ici de personnifications.
5. Malsains : malades.
6. La médecine de l'époque estimait que cet organe envoyait de mauvaises « vapeurs » au cerveau.

7. Hippocrate (460-377 av. J.-C.) : médecin grec, auteur du fameux *Serment* que prononcent encore de nos jours les futurs médecins ; serment par lequel ils s'engagent à tout faire pour soigner les malades.
8. Les Jeux, les Ris et les Plaisirs : personnages incarnant, selon le procédé de la personnification, les Jeux, les Rires (la Joie) et les Plaisirs.

SGANARELLE. – Voilà une plaisante façon de guérir. Où est donc ma fille et le médecin ?
LISETTE. – Ils sont allés achever le reste du mariage.
SGANARELLE. – Comment, le mariage ?
LISETTE. – Ma foi ! Monsieur, la bécasse est bridée[1], et vous avez cru faire un jeu, qui demeure une vérité.
SGANARELLE, *les danseurs le retiennent et veulent le faire danser de force.* – Comment, diable ! Laissez-moi aller, laissez-moi aller, vous dis-je. Encore ? Peste des gens[2] !

2. La comédie influencée par l'opéra-comique

Depuis le milieu du XVIIIe siècle, les **Bouffons**, du nom d'une troupe d'acteurs lyriques italiens, popularisent un opéra d'un nouveau genre : l'**opéra-bouffe**, qui traite de sujets comiques ou légers (par opposition à l'opéra tout court, traitant de sujets graves). Cet opéra-bouffe – qui recevra au XIXe siècle l'appellation d'**opéra-comique** – comporte des parties parlées et des scènes chantées. La comédie du XVIIIe siècle en subit l'influence. À la différence de la comédie-ballet, les chants ne sont plus relégués dans les prologues ou les intermèdes, mais s'intègrent dans la trame même de l'action. Preuves en sont les comédies de Beaumarchais (1732-1799).

Dans *Le Barbier de Séville* (1775), trois des protagonistes – Figaro, le comte Almaviva et Rosine – chantent tour à tour, en s'accompagnant pour les deux premiers à la guitare (I, 6 ; II, 13 ; III, 4). Mais c'est dans *Le Mariage de Figaro* que se trouvent les plus nombreuses et les plus longues parties chantées (II, 4 ; II, 6 ; II, 23 ; IV, 9 ; IV, 10 ; V, 19). Ainsi de ce début de la scène 9 de l'acte IV, qui constitue un véritable tableau d'opéra-comique, par le nombre de personnages présents sur scène ; par les chants et danses ; par la cérémonie du mariage. Le déroulement de l'intrigue n'en est pas pour autant interrompu.

---

1. « Brider la bécasse » était une expression populaire signifiant « tromper quelqu'un ».

2. Peste des gens : juron d'étonnement.

TEXTE 8 — **Beaumarchais** (1732-1799), *Le Mariage de Figaro* (1784), acte IV, scène 9

Dans cet extrait qui se situe au début de la scène 9, deux mariages sont célébrés : celui de Figaro et de Suzanne ; et celui de Marceline et du docteur Bartholo. Le Comte n'en poursuit pas moins Suzanne de ses assiduités. Celle-ci lui tend un piège en lui fixant un rendez-vous dans un billet qui lui est discrètement donné. Ce sera la Comtesse et non Suzanne qui se rendra au rendez-vous !

Le Comte, la Comtesse[1], *assis ; l'on joue les Folies d'Espagne[2] d'un mouvement de marche. (Symphonie notée[3].)*

MARCHE

Les gardes-chasse, *fusil sur l'épaule.*
L'alguazil, les prud'hommes, Brid'oison[4].
Les paysans et les paysannes, *en habits de fête.*
Deux jeunes filles, *portant la toque[5] virginale à plumes blanches ;*
5 Deux autres, *le voile blanc ;*
Deux autres, *les gants et le bouquet de côté.*
Antonio[6] *donne la main à* Suzanne, *comme étant celui qui la marie à* Figaro.
D'autres jeunes filles *portent une autre toque, un autre voile,*
10 *un autre bouquet blanc, semblables aux premiers, pour* Marceline[7].
Figaro donne la main à Marceline, comme celui qui doit la remettre au docteur, *lequel ferme la marche, un gros bouquet au côté.* [...]
Les paysans et les paysannes s'étant rangés sur deux colonnes à chaque côté du salon, on danse une reprise du fandango[8] (air noté[9]) avec des

---

1. La Comtesse Rosine, épouse du Comte.
2. Folies d'Espagne : danses traditionnelles espagnoles.
3. Symphonie notée : référence à une partition.
4. Ces personnages sont des officiers de police et de justice.
5. Toque : chapeau.
6. Antonio est le jardinier du château, l'oncle et le tuteur de Suzanne.
7. Marceline est la mère de Figaro, qui épouse ce même jour le docteur Bartholo, médecin à Séville.
8. Fandango : danse traditionnelle de couple, accompagnée de castagnettes et de guitare, et avec chants.
9. Air noté : partition (jointe).

15 *castagnettes; puis on joue la ritournelle[1] du duo, pendant laquelle Antonio conduit Suzanne au Comte; elle se met à genoux devant lui. Pendant que le Comte lui pose la toque, le voile, et lui donne le bouquet, deux jeunes filles chantent le duo suivant (air noté):*

Jeune épouse, chantez les bienfaits et la gloire
20 D'un maître qui renonce aux droits[2] qu'il eut sur vous:
Préférant au plaisir la plus noble victoire,
Il vous rend chaste et pure aux mains de votre époux.

Suzanne est à genoux, et, pendant les derniers vers du duo, elle tire le Comte par son manteau et lui montre le billet[3] qu'elle tient; puis
25 *elle porte la main qu'elle a du côté des spectateurs à sa tête, où le Comte a l'air d'ajuster sa toque; elle lui donne le billet.* […]
Le Comte, pressé de lire ce qu'il a reçu, s'avance au bord du théâtre et tire le papier de son sein; mais en le sortant il fait le geste d'un homme qui s'est cruellement piqué le doigt; il le secoue, le presse, le
30 *suce, et regardant le papier cacheté d'une épingle, il dit:*
LE COMTE. *(Pendant qu'il parle, ainsi que Figaro, l'orchestre joue pianissimo.)* – Diantre soit des femmes, qui fourrent des épingles partout! *(Il la jette à terre, puis il lit le billet et le baise.)*

35 FIGARO, *qui a tout vu, dit à sa mère et à Suzanne.* – C'est un billet doux, qu'une fillette aura glissé dans sa main en passant. Il était cacheté d'une épingle, qui l'a outrageusement piqué. *(La danse reprend: le Comte qui a lu le billet le retourne; il y voit l'invitation de renvoyer le cachet[4] pour réponse. Il cherche à terre et*
40 *retrouve enfin l'épingle qu'il attache à sa manche.)*

---

1. Ritournelle: phrase musicale revenant à la fin de chaque couplet.
2. Dans les droits du seigneur figurait le droit de « cuissage », qui permettait à celui-ci d'avoir des relations sexuelles avec la femme d'un de ses vassaux la première nuit de ses noces.
3. Billet: petit mot écrit.
4. Cachet: sceau de cire ou d'argile fermant, « cachetant » le billet.

FIGARO, *à Suzanne et à Marceline.* — D'un objet aimé tout est cher. Le voilà qui ramasse l'épingle. Ah, c'est une drôle de tête ! *(Pendant ce temps, Suzanne a des signes d'intelligence*[1] *avec la Comtesse. La danse finit, la ritournelle du duo recommence.)*

3. La tentation du cirque et des arts de la piste

Dans les années 1950 surgit une nouvelle conception du théâtre, qualifiée tour à tour de « nouveau théâtre », de « théâtre d'avant-garde » ou de « théâtre de l'absurde » dont les deux principaux représentants sont Samuel Beckett (1906-1989) et Eugène Ionesco (1909-1994).

Ce « nouveau théâtre » se caractérise par un refus de l'intrigue, un dérèglement du temps et de l'espace, et par une désarticulation et un effondrement du langage. À dramaturgie nouvelle, conception nouvelle des pièces[2] et de leur mise en scène. Chez Ionesco, il ne s'agit plus de raconter mais d'exprimer, de montrer des obsessions ou des angoisses.

> **Des pièces emblématiques du « nouveau théâtre »**
>
> *En attendant Godot* (1952) de Beckett, ainsi que *Les Chaises* (1952) et *Rhinocéros* (1959) de Ionesco comptent parmi les pièces emblématiques de cette nouvelle conception du théâtre.

TEXTE 9   Eugène Ionesco (1909-1994), *Le Piéton de l'air*
in *Théâtre*, © Gallimard

Dans cette pièce parue en 1963, l'écrivain Bérenger séjourne en famille en Angleterre. Il est en panne d'inspiration quand il réussit à s'envoler vers l'au-delà, d'où il rapportera d'effrayantes visions. La scène de son envol, à laquelle il ne faut évidemment pas accorder la moindre vraisemblance, emprunte beaucoup au monde du cirque.

---

1. Signes d'intelligence : regards, mimiques ou gestes complices.
2. Chez les dramaturges de ce « nouveau théâtre », les dénominations de *comédie*, de *drame* ou de *tragédie* n'ont plus cours. La notion de genre s'efface.

BÉRENGER : Tu[1] vas voir. C'est un jeu. Un jeu d'enfant. Il y a, bien sûr, des règles à respecter, mais elles sont simples. Il y a tout un tas de procédés. Voyons, lequel choisir ? On peut nager dans l'air. C'est fatigant. On peut faire la planche : on ne monte pas très haut. Il y a la bicyclette puisque tu sais aller à bicyclette. C'est encore un engin[2], mais puisque nous en avons pris l'habitude, c'est ce qui est à recommander pour un débutant. L'engin remplace l'homme et ses fonctions. Retrouvons la fonction authentique à travers ses déformations.

Une bicyclette blanche de cirque est lancée des coulisses. Bérenger l'attrape. Au même moment, des gradins apparaissent comme au cirque, sur lesquels s'installent les Anglais et Joséphine. Ceux-ci sont devenus des spectateurs de cirque. Marthe est côté jardin[3], sur le devant, le dos aux gradins. […]

BÉRENGER : Regarde : tu fais marcher tes jambes comme pour mettre les roues en mouvement. Tu te tiens tout droit comme sur une selle, les mains en avant comme sur un guidon. Au bout de sept ou huit tours de pédales, tu démarres doucement. *(Bérenger fait le tour de la piste.)*

JOSÉPHINE[4] : Écarte-toi un peu, tu empêches les gens de voir.
JOHN BULL[5] : C'est facile.
JOURNALISTE : Attendons la suite.
BÉRENGER : Et tu te retrouves tout à coup à la hauteur d'une armoire… d'un petit cerisier… d'un cerisier plus grand.
PETIT GARÇON : Le monsieur est-il ballon ?
LES ANGLAISES : Oh !
LES ANGLAIS : Oh !

Bérenger fera le tour du plateau après avoir grimpé éventuellement sur le praticable[6] incliné mais au-dessus de la tête des spectateurs

---

1. Bérenger s'adresse à sa fille, Marthe.
2. Un engin : une machine.
3. Côté jardin : dans le vocabulaire du théâtre, côté gauche de la scène (vu de la salle).
4. Joséphine est l'épouse de Bérenger.
5. John Bull : personnage personnifiant le Royaume-Uni (comme Marianne, pour la France).
6. Praticable : dans le vocabulaire du théâtre, élément du décor existant réellement, qui n'est donc pas peint. Il s'agit ici d'un plan incliné.

30 *qui lèveront les yeux pour le regarder. Il disparaîtra un moment, réapparaîtra toujours au-dessus des personnages.*
Numéro acrobatique : la bicyclette n'a plus qu'un cycle[1], puis n'a plus de guidon. Bérenger continue de tourner en faisant les mouvements du cycliste. Puis il redescendra. À ce moment disparaîtront praticable et
35 *anneaux.*
BÉRENGER : … d'un cerisier encore plus grand. Comme ceci, et voilà. As-tu compris ? Essaie. *(Pendant que Bérenger tournera en haut dans le sens des aiguilles d'une montre, Marthe tournera en bas sur une autre bicyclette, en sens inverse.)*
40 JOSÉPHINE : Attention ! Attention ! Ne l'écoute pas.
Après que les deux bicyclettes ont disparu et que le numéro a cessé, les Anglais applaudissent ; Bérenger les salue en les remerciant et lève le bras tel un champion.

CONCLUSION

S'interroger sur les liens du spectacle et de la comédie revient en définitive à s'interroger sur les différents niveaux de représentation qu'une pièce peut renfermer : quels qu'en soient les raisons et les procédés mis en œuvre, le personnage d'une comédie peut donner ou jouer la comédie à d'autres personnages. C'est aussi s'interroger sur la notion d'illusion, qui est au centre de toute représentation : le temps de celle-ci, par convention, les spectateurs prennent pour vrai ce qu'ils voient sur scène. C'est enfin constater que la comédie n'est pas un genre fermé. Ses emprunts à d'autres arts du spectacle vivant lui permettent d'évoluer et de se moderniser.

---

1. Un cycle : une roue.

DOSSIER

- **194** **Fiches** de lecture
- **227** Prolongements **artistiques et culturels**
- **232** **Sujets** de bac
- **242** **Méthodes** du bac

FICHE 1 — La structure de la pièce

Le Malade imaginaire, structuré en un **prologue**, **trois actes** et **trois intermèdes**, comprend **deux intrigues**.

Une **première intrigue**, celle qui donne son titre à la pièce, concerne le «malade imaginaire» qu'est Argan: comment le soigner et, éventuellement, le guérir? De là, ses nombreuses prises de médicaments, son débat avec son frère sur la médecine et les consultations de médecins. La **seconde intrigue** concerne les amours d'Angélique: qui épousera-t-elle? Cléante, qu'elle aime? Thomas Diafoirus, qu'elle déteste? Ou finira-t-elle sa vie dans un couvent? Entre les deux intrigues, les **liens** sont aussi étroits que possible, Argan désirant avoir un médecin pour gendre.

Présentation générale

Personnages	Actions
Prologue de 1673	
Églogue	
• Flore, déesse des fleurs et du printemps • Pan, le dieu protecteur des troupeaux, bergers et bergères • Deux Zéphirs, dieux des vents	• À l'invitation des divinités, tous célèbrent les victoires militaires de Louis XIV, de retour de la guerre de Hollande.
Prologue de 1674	
• Faunes et Ægipans (divinités champêtres) • une Bergère	• Pour consoler une Bergère de ses peines de cœur, les divinités se proposent de lui jouer l'histoire d'un malade imaginaire.

194 • *Le Malade imaginaire*

Acte I • Un malade, un testament et un amour

Scène 1 • Des comptes d'apothicaire

• Argan, malade imaginaire (seul en scène)	• Argan détaille la facture mensuelle de ses soins et traitements, s'affole de son montant, sonne sa servante, qui tarde à venir.

Scène 2 • Une servante délurée

• Argan • Toinette, sa servante	• Toinette arrive de mauvais gré, répond sèchement à son maître qui la querelle de son peu d'empressement.

Scène 3 • Argan court aux toilettes

• Argan • Angélique, sa fille • Toinette	• Survient Angélique, à qui Argan souhaite parler. La nécessité d'aller précipitamment aux toilettes l'en empêche.

Scène 4 • Angélique amoureuse

• Angélique • Toinette	• Angélique confie à Toinette son amour pour Cléante. • Toinette la rassure : celui-ci lui demandera bientôt sa main.

Scène 5 • Quiproquo et ultimatum

• Argan • Angélique • Toinette	• Argan annonce à sa fille qu'elle a été demandée en mariage. Angélique, heureuse, pense qu'il s'agit de Cléante. Il s'agit en fait de Thomas Diafoirus, futur médecin et neveu de M. Purgon, médecin traitant d'Argan. • Protestations d'Angélique et de Toinette. Colère d'Argan qui somme sa fille d'épouser Thomas Diafoirus, sous peine d'être enfermée dans un couvent.

Scène 6 • Une épouse très intéressée

• Argan • Angélique • Toinette • Béline	• Argan se plaint auprès de sa femme de l'insolence de Toinette. Béline le console comme s'il s'agissait d'un enfant. • Argan veut établir un testament en sa faveur exclusive. Béline proteste (trop) hautement de son désintéressement.

Dossier • 195

FICHE 1

Scène 7 • Un notaire hypocrite

• Argan • Béline • Le notaire	• Un notaire, présent comme par hasard, informe Argan de l'impossibilité légale de déshériter ses enfants mais lui indique en même temps comment contourner la loi. • Tous trois se retirent pour rédiger le testament.

Scène 8 • Complicité d'Angélique et de Toinette

• Angélique • Toinette	• Les deux femmes doutent du désintéressement de Béline, qu'elles pensent très cupide. • Toinette promet d'aider Angélique dans ses amours.

Premier intermède

• Polichinelle • Les Archers (police) • Musiciens, danseurs et chanteurs	• Devant la maison d'Argan, Polichinelle donne la sérénade à Toinette. Altercation avec une vieille femme qui se moque de lui. • Les Archers interviennent, qui mettent fin à la sérénade.

Acte II • Échec, menace et trahison

Scène 1 • Cléante, faux maître de musique

• Toinette • Cléante	• Amoureux d'Angélique, Cléante, déguisé en maître de musique, s'introduit chez Argan. • Toinette s'empresse aussitôt de l'aider.

Scène 2 • Argan, mélomane imprévu

• Argan • Toinette • Cléante	• Toinette présente le maître de musique à Argan. • Contre toute attente, Argan décide d'assister à la leçon donnée à sa fille.

Scène 3 • Surprise involontaire d'Angélique

• Argan • Angélique • Cléante	• Angélique ne peut cacher sa surprise de voir Cléante. • Comme Argan s'en étonne, elle invente un mensonge et dit avoir rêvé d'une semblable visite.

Scène 4 • Argan annonce le mariage de sa fille

• Argan • Angélique • Toinette • Cléante	• Toinette annonce la venue des Diafoirus, père et fils. • Argan annonce que le mariage de sa fille et de Thomas Diafoirus aura lieu dans quatre jours. Il convie Cléante à la noce.

Scène 5 • Diafoirus père et fils

• Monsieur Diafoirus • Thomas Diafoirus, son fils • Argan • Angélique • Toinette • Cléante	• Diafoirus père demande officiellement la main d'Angélique pour son fils. Ce dernier fait des compliments stupides à Angélique. • Cléante donne sa leçon de chant à cette dernière. Tous deux alternent des couplets amoureux, qui agacent Argan, soudain pris de doute. Il chasse Cléante.

Scène 6 • Angélique éconduit Thomas Diafoirus

• Béline • Argan • Angélique • Toinette • Les Diafoirus	• Angélique repousse les avances de Thomas Diafoirus et se querelle avec Béline, sa belle-mère. • Furieux, Argan la somme de choisir entre le couvent et le mariage avec Thomas Diafoirus.

Scène 7 • Angélique trahie par Béline

• Béline • Argan	• Béline informe son mari qu'elle a vu un jeune homme dans la chambre d'Angélique, en la présence de Louison, sœur cadette d'Angélique.

Scène 8 • L'aveu contraint de Louison

• Argan • Louison	• Sous la menace d'une fessée, Argan obtient de Louison confirmation de la présence d'un jeune homme chez Angélique.

Scène 9 • Le frère d'Argan

• Argan • Béralde, son frère	• Survient Béralde, qui souhaite s'entretenir sérieusement avec son frère. Mais auparavant, pour le distraire, il lui propose un divertissement de sa façon.

Second intermède

• Danseurs et chanteurs égyptiens déguisés, leurs singes	• Une invitation, tout épicurienne, à aimer et à profiter de l'instant présent.

Acte III • La médecine en question et le triomphe de l'amour

Scène 1 • Un nouveau besoin pressant d'Argan

• Argan • Béralde • Toinette	• Argan, qu'un nouveau pressant besoin oblige à les quitter, laisse Béralde et Toinette seuls.

Scène 2 • Béralde, allié d'Angélique

• Béralde • Toinette	• Béralde promet à Toinette de tout faire pour empêcher le mariage d'Angélique avec Thomas Diafoirus.

Scène 3 • Débat sur la médecine entre Argan et Béralde

• Argan • Béralde	• Béralde invite son frère à bien réfléchir avant de marier Angélique au fils Diafoirus. • Leur conversation porte bientôt sur la confiance qu'il convient d'accorder à la médecine. Béralde reconnaît n'en avoir aucune. Il approuve Molière de ridiculiser les médecins. Argan s'en scandalise.

Scène 4 • Béralde chasse l'apothicaire de son frère

• M. Fleurant, l'apothicaire • Argan • Béralde	• Survient M. Fleurant, une seringue à la main, pour administrer un lavement à Argan, conformément aux prescriptions de M. Purgon, médecin traitant d'Argan. • Béralde l'éconduit.

Scène 5 • Colère et départ de M. Purgon

• M. Purgon, médecin • Argan • Béralde • Toinette	• Furieux de voir ses prescriptions négligées, M. Purgon refuse de continuer à soigner Argan et lui prédit les pires maladies. • Il déchire la dotation qu'il entendait faire à son neveu Thomas Diafoirus s'il épousait Angélique.

Scène 6 • Terreur d'Argan d'être sans médecin

• Argan • Béralde	• Désespoir d'Argan en dépit des conseils de sagesse que lui donne Béralde.

Scène 7 • Un stratagème de Toinette

• Toinette • Argan • Béralde	• Toinette annonce la venue d'un nouveau médecin qui lui ressemble étrangement.

Scène 8 • Un médecin très curieux

• Toinette, en médecin • Argan • Béralde	• Argan s'étonne effectivement de la ressemblance de ce médecin avec Toinette. • Béralde lui répond que les ressemblances sont plus fréquentes qu'on ne le croit.

Scène 9 • L'habileté de Toinette	
• Toinette, en médecin • Argan • Béralde	• Avec une extrême rapidité, Toinette quitte son déguisement et reprend son habit de servante. • Argan la prie de rester pour voir ce nouveau médecin qui lui ressemble tant. Refus de Toinette qui dit avoir autre chose à faire.
Scène 10 • Une consultation burlesque	
• Toinette, en médecin • Argan • Béralde	• Se présentant comme un médecin itinérant curieux de voir l'illustre malade dont on parle tant, Toinette ausculte Argan. Elle lui prescrit l'exact contraire du traitement ordonné par M. Purgon.
Scène 11 • Nouveau stratagème de Toinette	
• Toinette • Argan • Béralde	• Béralde plaide en vain la cause de Cléante auprès de son frère, qui veut désormais enfermer sa fille dans un couvent. Béralde soupçonne Béline d'y avoir un intérêt personnel. • Comme Argan proteste, Toinette lui suggère de faire le mort : il pourra ainsi vérifier par lui-même les sentiments réels de sa femme à son égard.
Scène 12 • Béline démasquée grâce à la fausse mort d'Argan	
• Béline • Toinette • Argan • Béralde	• Argan feint d'être mort. Aux cris de désespoir de Toinette, Béline accourt et se réjouit d'être enfin débarrassée de son repoussant mari. Elle propose à Toinette de l'aider à détourner l'héritage de celui-ci. Comme Argan se redresse, Béline s'enfuit. • Toinette propose à Argan de refaire le mort pour tester les réactions d'Angélique.
Scène 13 • Désespoir d'Angélique à la mort de son père	
• Angélique • Argan • Toinette • Béralde	• Apprenant par Toinette la mort de son père, Angélique se désespère et regrette de lui avoir désobéi.

Scène 14 • Un faux médecin pour un faux malade	
• Cléante • Angélique • Argan • Toinette • Béralde	• Survient Cléante, qui se désespère à son tour de la mort d'Argan, qu'il espérait bien amadouer. • Angélique signifie à Cléante qu'il n'est plus question de mariage entre eux et qu'elle compte finir ses jours dans un couvent. • Argan ressuscite, consent que Cléante épouse Angélique à la condition qu'il se fasse médecin. Béralde suggère alors à Argan de se faire lui-même médecin : il pourra ainsi se soigner lui-même. Argan se laisse persuader.
Troisième intermède	
• De nombreux danseurs, médecins, apothicaires et chirurgiens	• Dans une parodie burlesque, Argan est officiellement intronisé médecin sous les acclamations générales.

FICHE 2

Argan et sa famille

Personnage principal, Argan est doté d'une famille : une seconde épouse (Béline), des enfants nés d'un premier lit (Louison et surtout Angélique), un frère (Béralde), un futur gendre (Cléante ou Thomas Diafoirus) et une servante : Toinette, le personnel de maison étant considéré à l'époque comme faisant partie de la famille. Les médecins et l'apothicaire qui gravitent autour de lui seront étudiés dans une fiche consacrée à la médecine et à ses praticiens (● FICHE 3).

I • Argan, omniprésent, tyrannique et « malade »

Sur le plan théâtral, Argan est d'abord une **présence** : il apparaît dans 27 scènes sur les 31 que totalise la pièce, sans compter le troisième intermède où il est au centre de la cérémonie qui le consacre docteur. Même pour un personnage principal, cette omniprésence est tout à fait exceptionnelle. Argan domine ainsi toute l'action.

1) Une autorité tyrannique

Son autorité provient de trois sources : sa fortune, son statut de père et sa situation de malade.

• Argan est un **riche bourgeois**, qui, « par précaution » (I, 7), a caché dans sa chambre la somme alors considérable de vingt mille francs en or et deux reconnaissances de dettes. À quoi s'ajoutent sa résidence parisienne et, sans doute, quelques biens en province, qui justifient l'existence d'un testament. Sa fortune le fait supporter par Béline, qui la convoite, et lui attire les soins empressés d'un apothicaire et de médecins qui voient en lui « une bonne vache à lait » (I, 2).

• En tant que père, Argan dispose de **toute autorité** sur Angélique, qu'il peut à son gré marier ou expédier dans un couvent, conformément aux lois de l'époque.

> ARGAN. – Je lui commande absolument de se préparer à prendre le mari que je dis. (I, 5, l. 374-375)

Dossier • 201

Et il n'hésite pas à menacer du fouet sa «petite Louison» (II, 8).

• Enfin, Argan est un **malade**, du moins se prétend-il tel, que chacun, à l'exception de Toinette, cherche à ménager ou servir.

> ARGAN. – Parle bas, pendarde : tu viens m'ébranler tout le cerveau, et tu ne songes pas qu'il ne faut point parler si haut à des malades. (II, 2, l. 26-28)

• Lui tient-on en effet tête ? Il feint un malaise (I, 5 et 6 ; III, 6). Toutes ces raisons font de lui un **tyran** qui n'entend pas être contredit.

2) Un malade imaginaire

Selon Toinette et Béralde, Argan n'est pas malade. Lui clame en revanche qu'il l'est. Pour quelles raisons ? Et quelle guérison peut-il espérer ?

• Argan adore être traité comme un **enfant**. Sa femme l'appelle son «fils», son «pauvre petit fils», son «petit mari» ou son «petit ami», et lui accommode même ses oreillers (I, 6). Outre qu'elles sont hypocrites, ces appellations, qu'il apprécie, l'infantilisent. Argan est un tyran qui agit comme un enfant gâté. Son égoïsme lui fait trouver cette situation confortable : il n'a rien à faire, puisque tout le monde s'occupe de lui.

• Cette acceptation de son état dissimule une certaine **peur de la mort**, comme le laisse penser cette interrogation adressée à Toinette lorsqu'elle lui suggère de simuler sa mort :

> ARGAN. – N'y a-t-il point quelque danger à contrefaire le mort ? (III, 11, l. 586)

• Malade imaginaire, Argan ne peut évidemment jamais espérer guérir. Mais en devenant lui-même un médecin imaginaire, il sera à même de se soigner. Sa **folie** lui sera plus douce, comme elle le sera pour son entourage.

II • Béline, l'épouse hypocrite

Béline n'apparaît que dans 5 scènes (I, 6, 7 ; II, 6, 7 ; III, 12). Si brève que soit sa présence scénique, elle n'en est pas moins un personnage majeur, dont le rôle est fortement dessiné.

1) Une épouse faussement aimante

• Béline joue l'épouse attentionnée, soucieuse de la santé de son mari, à qui elle dit être tendrement attachée (I, 6). L'« oraison funèbre » qu'elle prononce devant ce qu'elle croit être le cadavre de son mari prouve le contraire :

> BÉLINE. – Quelle perte est-ce que la sienne ? et de quoi servait-il sur la terre ? Un homme incommode à tout le monde, malpropre, dégoûtant, sans cesse un lavement ou une médecine dans le ventre, mouchant, toussant, crachant toujours.
> (III, 12, l. 605-609)

2) Une femme intéressée

• Béline n'a en réalité épousé Argan que pour **capter sa fortune**. Angélique la range au nombre de celles qui se marient « pour s'enrichir par la mort de ceux qu'elles épousent, et courent sans scrupule de mari en mari, pour s'approprier leurs dépouilles » (II, 6). Le reproche est aussi rude que justifié. Dès la fausse mort d'Argan, elle s'écrie :

> BÉLINE. – Il y a des papiers, il y a de l'argent dont je me veux saisir, et il n'est pas juste que j'aie passé sans fruit auprès de lui mes plus belles années.
> (III, 12, l. 617-620)

Tant de cynisme déconcerte.

3) Une dangereuse manipulatrice

• Sa cupidité la rend d'autant plus dangereuse. Selon Béralde, Béline incite Argan à faire de ses deux filles des religieuses (III, 3) – ce qui les éliminerait automatiquement de la succession de leur père.

• Elle s'est en outre acquis les services d'un **notaire malhonnête** (I, 7) bien qu'il s'appelle ironiquement « Monsieur Bonnefoy ».

• Béline n'hésite pas à espionner Angélique et à la dénoncer à son père parce qu'elle reçoit un « jeune homme » (Cléante) dans sa « chambre » (II, 7).

• Malgré tous ses stratagèmes, elle est démasquée : on ignore ce qu'elle devient par la suite.

III • Béralde, le frère raisonnable

Béralde apparaît dans la dernière scène de l'acte II et est présent durant tout le troisième acte. Il est l'exact opposé d'Argan.

1) Un homme sensé

• Lucide, Béralde ne croit pas son frère malade ; clairvoyant, il a percé le double jeu de Béline ; bienveillant et sensé, il est l'avocat d'Angélique auprès de son père et il soutient Cléante contre Thomas Diafoirus (III, 3).

• « Raison » est un mot qui revient souvent dans sa bouche. Il aime argumenter, convaincre et ne déteste rien tant que les cris et les entêtements.

2) Un homme d'initiative

• Son influence sur le cours de l'action est forte. C'est lui qui a l'idée du second intermède afin de divertir Argan et de le rendre plus disposé à entendre ce qu'il a à lui dire (II, 9).

• Il propose surtout de faire d'Argan un **médecin** (III, 14) : à malade imaginaire, médecin imaginaire ! Il lui revient donc de concevoir et d'administrer le seul remède qui puisse satisfaire son frère, c'est-à-dire de l'entretenir dans sa folie.

3) Un sceptique en médecine

• À la différence enfin d'Argan, Béralde n'a **aucune confiance** dans les médecins et encore moins dans la médecine. Seule la nature[1] peut, selon lui, guérir un malade.

• Par un étonnant retournement de situation, Béralde, personnage créé par Molière, prend la **défense** de ce dernier, apparemment aussi sceptique que lui.

> ARGAN. – C'est un bon impertinent que votre Molière avec ses comédies, et je le trouve bien plaisant d'aller jouer d'honnêtes gens comme les médecins.

---

[1]. Pour plus de détails sur ce point, voir la fiche 3 p. 212.

BÉRALDE. – Ce ne sont point les médecins qu'il joue, mais le ridicule de la médecine.
(III, 3, l. 185-189)

IV • Angélique, la jeune fille amoureuse

Présente dans 11 scènes, Angélique est la fille aînée d'Argan et est âgée d'environ dix-sept ou dix-huit ans. Son mariage est un des enjeux de l'intrigue.

1) Une jeune fille à marier

• Elle aime Cléante, qu'elle a rencontrée au théâtre (II, 1) et pour lequel elle a éprouvé un véritable **coup de foudre** (I, 4).

• Mais sa passion se heurte aux volontés de son père qui souhaite, lui, avoir un médecin pour gendre. Du choix de son mari dépend son bonheur ou son malheur. Angélique est potentiellement la **victime des lubies** médicales de son père.

2) Une jeune fille résolue

• Aussi défend-elle avec énergie son **droit au bonheur**. Elle repousse sans ménagement les avances de Thomas Diafoirus.

ANGÉLIQUE. – Votre mérite n'a pas encore fait assez d'impression dans mon âme.
(II, 6, l. 447-448)

• Elle s'oppose frontalement à Béline, sa belle-mère, qu'elle **accuse** en des mots à peine voilés d'hypocrisie et de cupidité (II, 6).

• Prête à perdre sa part d'héritage pour pouvoir épouser Cléante (I, 8), elle envisage, si elle ne peut le faire, de ne jamais se marier et de se retirer dans un couvent (III, 14).

> ANGÉLIQUE. – Ah! Cléante, ne parlons plus de rien. Laissons là toutes les pensées du mariage. Après la perte de mon père, je ne veux plus être du monde, et j'y renonce pour jamais.
> (III, 14, l. 663-665)

- Généreuse et aimant malgré tout son père comme le prouvent ses réactions à la fausse mort de ce dernier (III, 14), elle finit par épouser l'homme qu'elle aime. Son **bonheur** confère à la pièce son dénouement heureux.

V • Cléante, l'amoureux presque trop idéal

Présent dans 6 scènes, Cléante apparaît plus fade en comparaison d'Angélique.

1) Un jeune homme très convenable

- Il possède toutes les qualités propres à un **parfait soupirant**, tel qu'on le trouve dans les romans galants de l'époque. Selon le portrait qu'Angélique fait de lui (I, 4), Cléante est séduisant, éperdument amoureux et courageux: il a protégé Angélique d'importuns trop entreprenants. Cultivé, il sait versifier, chanter. Peut-être est-il noble. Et il souhaite épouser Angélique le plus tôt possible.

2) Un jeune homme ingénieux et maladroit

- Cléante ne possède pas toutefois la **seule qualité** qui importe à Argan: il n'est pas médecin.

> ARGAN. – Qu'il se fasse médecin, je consens au mariage. Oui, faites-vous médecin, je vous donne ma fille.
> (III, 14, l. 689-690)

- Aussi est-il obligé de recourir à la **ruse**: c'est sous le déguisement et l'identité d'un maître de musique qu'il s'introduit chez ce dernier. Sa leçon de chant se change en une **poétique déclaration d'amour**, qui finit par éveiller la vigilance d'Argan (II, 5).

- Cléante n'a en définitive qu'une faible influence sur le déroulement de l'intrigue.

VI • Toinette, la servante délurée

Apparaissant dans 21 scènes sur 31, Toinette est le personnage le plus présent sur scène juste après Argan.

1) Une servante indispensable

• C'est que tout le monde a besoin d'elle: Argan, pour le servir (I, 1); Angélique et Cléante, pour seconder leurs amours (I, 4; II, 1); et même Béline, pour l'aider à capter l'héritage de son mari (III, 12).

2) Une servante insolente et spirituelle

• Ne se laissant pas faire, Toinette sait tenir tête à Argan, à qui elle répond souvent avec un sens aigu de la **repartie**:

> TOINETTE. – Si vous avez le plaisir de quereller, il faut bien que, de mon côté, j'aie le plaisir de pleurer.
> (I, 2, l. 100-101).

• Et elle prend le parti d'Angélique contre son père dont elle **conteste** les décisions.

> TOINETTE. – Vous ne la mettrez point dans un convent.
> ARGAN. – Je ne la mettrai point dans un convent?
> TOINETTE. – Non.
> ARGAN. – Non?
> TOINETTE. – Non.
> (I, 5, l. 343-347)

• Ses répliques ou ses formules **sont justes** et **font sourire**: elle n'hésite pas à dire que les médecins ont en Argan «une bonne vache à lait» (I, 2); «la bonne bête a ses raisons» (I, 5), dit-elle encore à propos de Béline, dont elle a percé l'hypocrisie.

3) Une servante malicieuse

• Son rôle participe du comique de la pièce, notamment dans la **parodie de consultation** que, déguisée en médecin, elle donne à Argan (III, 10).

FICHE 2

• Il est aussi essentiel dans le **dénouement heureux** de l'intrigue : c'est elle qui suggère à Argan de faire le mort et d'ainsi tester les sentiments véritables des uns et des autres (III, 11). Toinette est la servante la plus haute en couleur de toutes celles que Molière a imaginées.

> **RÉCAPITULATIF**

Béralde et Toinette, les autres proches
• Un homme raisonnable, sceptique en médecine
• Une servante délurée et malicieuse, mais indispensable

Argan l'extravagant
• Une autorité tyrannique
• Un malade imaginaire

Les personnages principaux

Angélique et Cléante, les amoureux
• Une jeune fille résolue
• Un jeune homme presque trop idéal

Béline l'hypocrite
• Une épouse intéressée
• Une dangereuse manipulatrice

FICHE 3 — Un thème clé : les médecins et la médecine

Le Malade imaginaire renferme une satire des médecins et, plus profondément, un débat sur la médecine. Les praticiens y sont tous ridicules. Que dès lors penser de la médecine ?

I • Des praticiens ridicules

La pièce compte un apothicaire (M. Fleurant), trois vrais médecins (M. Purgon et les Diafoirus père et fils) et un faux docteur (Toinette).

1) L'apothicaire M. Fleurant

• L'apothicaire était chargé de préparer et d'administrer les médicaments et potions prescrits par le médecin, dont il était l'adjoint. Monsieur Fleurant veille principalement au bon fonctionnement des intestins d'Argan à qui il peut donner jusqu'à vingt lavements par mois (I, 1). Il n'apparaît que dans une seule scène (III, 4), une seringue à la main, non pas pour effectuer une piqûre mais un lavement par injection d'eau.

• Courtois jusqu'à l'excès, gonflant généreusement ses honoraires (I, 1), il est **imbu de sa fonction**. Aussi s'empresse-t-il de rapporter à Monsieur Purgon la manière dont Béralde l'a expulsé de la chambre d'Argan, l'empêchant ainsi de faire son métier.

> MONSIEUR FLEURANT. – Je ne suis venu ici que sur une bonne ordonnance, et je vais dire à Monsieur Purgon comme on m'a empêché d'exécuter ses ordres et de faire ma fonction. (III, 4, l. 242-245)

2) Le docteur Purgon

• « Homme tout médecin, depuis la tête jusqu'aux pieds » (III, 3), il est le **médecin traitant** d'Argan. Persuadé de la justesse de ses pratiques, il est aussi honnête qu'incompétent. Selon Béralde, c'est « de la meilleure foi du

Dossier • 209

monde qu'il vous expédiera, et il ne fera, en vous tuant, que ce qu'il a fait à sa femme et à ses enfants, et ce qu'en un besoin il ferait à lui-même » (III, 3).

• Le docteur Purgon n'est pas pour autant un escroc. Son **honnêteté** est réelle : il préfère renoncer à la clientèle d'Argan, pourtant financièrement rentable, plutôt que de voir ses ordonnances négligées (III, 5).

3) Les Diafoirus père et fils

• Tous deux sont aussi stupides l'un que l'autre. Le père est fier d'avoir un fils borné et le fils d'avoir un père obtus. Leurs pratiques médicales se résument à user d'un **vocabulaire incompréhensible**, parsemé de formules latines. Les diagnostics qu'ils émettent sont à leurs yeux secondaires, puisque tous les organes étant reliés entre eux, il n'y a pas lieu de les distinguer. Pour eux, être malade du foie ou de la rate, c'est la même chose :

> MONSIEUR DIAFOIRUS. – Qui dit *parenchyme*, dit l'un et l'autre, à cause de l'étroite sympathie qu'ils ont ensemble, par le moyen du *vas breve du pylore*, et souvent des *méats cholidoques*.
> (II, 6, l. 567-570)

• Leur incompétence n'a d'égal que leur **conservatisme**. Diafoirus père se vante de n'accorder aucun crédit aux « prétendues découvertes de [leur] siècle, touchant la circulation du sang » (II, 5). Cette découverte, due à l'Anglais W. Harvey (1578-1657), datait de 1628 et était encore officiellement combattue en 1673 par la Faculté de médecine de Paris !

• À son ignorance et à son inefficacité, Thomas Diafoirus, le fils, ajoute la stupidité d'un **niais** qui ne connaît pas les règles élémentaires de la galanterie (II, 6).

4) Toinette, médecin imaginaire

• Toinette est un faux médecin, mais elle ne se révèle pas pire que les vrais. Sa consultation est **burlesque** (III, 10). Elle consiste à prendre le contrepied des ordonnances de M. Purgon, tout comme les Diafoirus préconisaient le contraire de ce que disait M. Purgon. Il est tout aussi **ridicule** de tout rapporter comme elle le fait au poumon que de confondre le foie et la rate ! Si le faux médecin est aussi inintelligent que le vrai, comment les distinguer l'un de l'autre ? Tous sombrent dans le ridicule.

II • Pour ou contre la médecine ?

Caricaturer les médecins est une chose, s'en prendre à la médecine en est une autre, de bien plus grande importance.

1) Une critique qui dépasse la satire traditionnelle

• Dénoncer l'incompétence des médecins, se moquer de leur galimatias pseudo-scientifique et les accuser de **charlatanisme** appartient à une très ancienne tradition satirique, qui remonte au Moyen Âge.

• *Le Malade imaginaire* s'inscrit dans cette tradition, mais c'est pour mieux la dépasser. Dans le débat qui s'engage entre Argan et Béralde dans la scène 3

> **Molière et les médecins**
>
> De la farce du *Médecin volant* (1645) jusqu'à *Dom Juan* (1665) et *Le Médecin malgré lui* (1666), des médecins, plus souvent faux que vrais, apparaissent dans les comédies de Molière.

de l'acte III, ce ne sont plus les médecins qui sont en cause, mais la **médecine elle-même**.

2) Les arguments d'Argan en faveur de la médecine

Argan invoque principalement trois arguments en faveur de la médecine.

• La **tradition** : la médecine est une discipline ancienne, pratiquée depuis la plus haute Antiquité. Au XVIIe siècle, un des critères de la vérité reste encore pour beaucoup l'ancienneté. Plus une opinion ou une pratique est séculaire, plus elle est tenue pour vraie.

> ARGAN. – Vous ne tenez pas véritable une chose établie par tout le monde, et que tous les siècles ont révélée ?
> (III, 3, l. 90-91)

• Le **savoir** : les médecins sont des savants.

> ARGAN. – Sur cette matière, les médecins en savent plus que les autres. (III, 3, l. 109-110)

Dossier • 211

- Le **constat d'expérience** :

> ARGAN. – Dans la maladie, tout le monde a recours aux médecins. (III, 3, l. 117-118)

3) Les arguments de Béralde contre la médecine

Béralde réfute chacun des arguments d'Argan.

- La médecine est à ses yeux une **orgueilleuse prétention**. Si ancienne soit-elle, elle est une « plaisante momerie » (III, 3), c'est-à-dire une mascarade.

> BÉRALDE. – Je ne vois rien de plus ridicule qu'un homme qui se veut mêler d'en guérir un autre.
> (III, 3, l. 95-96)

- Elle est aussi une **hypocrisie**. Le savoir des médecins est un « pompeux galimatias [...] qui vous donne des mots pour des raisons, et des promesses pour des effets » (III, 3). Autrement dit, ce savoir est totalement inefficace.

> BÉRALDE. – Presque tous les hommes meurent de leurs remèdes, et non pas de leurs maladies.
> (III, 3, l. 147-149)

- Enfin, elle est une **exploitation des faiblesses humaines**. Rien n'est plus humain que d'espérer guérir quand on est malade. C'est sur cette réaction et cet espoir que les médecins se fondent pour justifier leur métier.

> BÉRALDE. – C'est une marque de faiblesse humaine, et non pas de la vérité de leur art. (III, 3, l. 119-120)

4) Laisser faire la nature ?

- À la question, que lui pose Argan, de savoir ce qu'il convient de faire quand on est malade, Béralde répond : « Rien ». « La nature nous a mis au-devant des yeux des voiles trop épais pour y connaître quelque chose » (III, 3), explique-t-il. Il convient donc de la laisser faire. Si l'on est de bonne constitution, tout ira bien. Dans le cas contraire, il est dans l'ordre des choses de tôt ou tard mourir.

- La position de Béralde a de quoi surprendre. Elle l'était déjà en son temps, elle l'est encore plus à notre époque. Béralde est pourtant un personnage sensé, raisonnable.

> **Béralde et l'épicurisme**
>
> Sa position est en réalité très philosophique. Depuis l'Antiquité, l'épicurisme enseignait qu'il fallait suivre la nature et qu'il convenait de **supporter les maux et malheurs** dont l'homme n'est pas responsable. C'est à ce courant de pensée que Béralde se rattache, tout comme Molière, dont on sait qu'il fréquentait les philosophes adeptes de l'épicurisme.

> **RÉCAPITULATIF**

Les médecins et la médecine

1. Des praticiens ridicules
- M. Fleurant, l'apothicaire imbu de sa fonction
- M. Purgon, le médecin traitant incompétent
- Les Diafoirus, des médecins stupides et conservateurs

2. Argan, pour la médecine
- Elle est la science des Anciens.
- Elle nécessite un savoir immense.
- L'expérience prouve sa légitimité.

3. Béralde, contre la médecine
- Elle est une prétention ridicule.
- Elle est une hypocrisie.
- Elle exploite les faiblesses humaines.

Dossier • 213

FICHE 4 — Les ressorts comiques de la pièce

Le Malade imaginaire est une pièce profondément comique. Elle renferme toute la gamme des procédés suscitant le rire ou le sourire, depuis les plus élémentaires jusqu'aux plus élaborés. Le comique visuel coexiste en effet avec les jeux du langage et l'universalité du ridicule.

I • Le comique visuel

Immédiatement perceptible lors d'une représentation, ce comique visuel doit être reconstitué en pensée lors d'une lecture. Hérité de la farce et de la *commedia dell'arte* – le théâtre populaire italien dont les acteurs étaient souvent des acrobates ou des gymnastes –, il comprend le comique de gestes, les gags et sketches ainsi que les déguisements.

1) Le comique de gestes

• Ce sont les **cavalcades** (courses), les **algarades** (querelles) et les **bastonnades** (coups de bâton). À deux reprises (I, 3 et III, 1), Argan se précipite aux toilettes. En colère, il court après Toinette « autour de sa chaise, son bâton à la main » (I, 5). Une bataille d'oreillers s'engage entre eux, Toinette les mettant « rudement » sur la tête d'Argan, qui les lui rejette à la figure (I, 6). Argan menace du fouet Louison si elle ne lui dit pas toute la vérité (II, 8). Dans le premier intermède enfin, la sérénade que Polichinelle donne à Toinette tourne à l'affrontement avec les Archers.

2) Les gags et sketches

• Les premiers sont plus brefs que les seconds. Comme Argan demande à Toinette de parler bas afin de ne pas lui « ébranler le cerveau », celle-ci recourt au **mime** et feint de parler (II, 2). Pour échapper au fouet, Louison « contrefait la morte » (II, 8) et, pour tester les réactions de son épouse Béline et de sa fille Angélique, Argan fait de même (III, 11). Tous deux ressuscitent, au grand étonnement des uns et des autres. Le second intermède est un numéro de **foire** où des danseurs, habillés en Mores, font sauter des singes.

214 • *Le Malade imaginaire*

3) Les déguisements

Trois personnages changent d'habit et d'identité, l'habit faisant le moine au théâtre.

• **Cléante** devient un **maître de musique** si bien déguisé que Toinette ne le reconnaît pas de prime abord (II, 1). **Toinette** endosse un **habit de médecin**, c'est-à-dire qu'elle porte une longue toge noire avec un rabat blanc et un chapeau plus ou moins pointu (III, 8-10). Ces deux déguisements ont pour but de tromper Argan, qui tombe à chaque fois dans le panneau et qui suscite ainsi le rire du spectateur.

• Le troisième intermède, qui voit **Argan** endosser l'habit des médecins, prend enfin l'aspect d'un **carnaval** où tout le monde revêt les habits de chirurgien, d'apothicaire et naturellement de médecin.

II • Les jeux du langage

Dans une comédie, le langage est la source naturelle du comique : la fabrication des noms propres, l'utilisation de certains mots et des formules bien assénées en sont les diverses expressions.

1) Le comique des noms propres

• Molière affuble ses médecins de patronymes aussi ridicules qu'expressifs. Le grand prescripteur de lavements est le docteur **Purgon**, nom fabriqué sur le mot « purge ». Chargé de les administrer, l'apothicaire s'appelle **Fleurant**, d'après le verbe « fleurer », sentir. **Diafoirus** est construit sur le mot « foire », synonyme de diarrhée. Quant à **Béline**, qui ne cesse d'appeler son mari son « fils » ou son « petit ami », son nom dérive de « bélin », un mouton ; elle est celle qui bêle.

2) Le comique de mots

• Le **galimatias** scientifique et latin dont se servent les Diafoirus père et fils fait sourire ou rire, parce qu'il recouvre de mots savants leur incompétence et qu'il est donc une imposture. En voici des exemples : « caprisant » (II, 6), « *parenchyme splénique* » (II, 6), « *méats cholidoques* » (II, 6).

- Toinette use du **comique de répétition** en attribuant toutes les maladies au poumon : « Le poumon, le poumon, vous dis-je » (III, 10). La stichomythie – échanges rapides entre des interlocuteurs – crée également un effet comique, comme dans la querelle entre Toinette et Argan dans la scène 5 de l'acte I.

- La **cacophonie** produit le même résultat quand, par exemple, Argan et Diafoirus père parlent, s'interrompent et se reparlent en même temps (II, 5).

- Un jeu de mots ou encore une formule touche parfois au **comique de l'absurde** :

> ARGAN. – Combien est-ce qu'il faut mettre de grains de sel dans un œuf ? (II, 6, l. 576-577)

3) Des formules ironiques, lestes et spirituelles

- Railleuse, Toinette use souvent de l'**ironie**. « Vivent les collèges, d'où l'on sort si habile homme ! » (II, 5), s'exclame-t-elle pour se moquer de Thomas Diafoirus ; ou encore :

> TOINETTE. – Il y en a qui donnent la comédie à leurs maîtresses ; mais donner une dissection est quelque chose de plus galant. (II, 5, l. 259-260)

- Béralde sait lui aussi être ironique quand, par exemple, il lance à l'apothicaire préposé au lavement :

> BÉRALDE. – On voit bien que vous n'avez pas accoutumé de parler à des visages. (III, 4, l. 239-240)

- Certaines formules sont enfin **plaisantes** comme, par exemple, « vache à lait » (I, 2) ou « les grimaces d'amour ressemblent fort à la vérité ; et j'ai vu de grands comédiens là-dessus » (I, 4).

III • La prédominance du ridicule

Le ridicule est enfin omniprésent dans la pièce : il s'exprime dans le comique de situation, de mœurs et de caractère.

1) Le comique de situation

- Comme son nom l'indique, celui-ci ne naît pas de ce que fait ou dit un personnage, mais de la situation dans laquelle il se trouve. C'est le cas du **quiproquo**, dont est victime Angélique. Son père lui vante les qualités de son futur mari en qui celle-ci croit reconnaître Cléante alors qu'il s'agit en réalité de Thomas Diafoirus (I, 5). Ce dernier n'est pas la victime mais l'auteur d'un autre quiproquo : il prend sa future femme pour sa belle-mère (II, 5) !

- Autre comique de situation : la leçon de musique que Cléante donne à Angélique est une **déclaration d'amour déguisée** faite au nez et à la barbe d'Argan qui met longtemps à réagir (II, 5).

- La scène de présentation de Thomas Diafoirus à Angélique parodie la **scène de la première rencontre** souvent décrite dans les romans (II, 5).

2) Le comique de mœurs

- Il réside essentiellement dans la satire des médecins[1]. Les Diafoirus sont stupides et s'enorgueillissent d'être obstinément hostiles à toute idée de progrès.

- La consultation que Toinette, déguisée en médecin, donne à Argan, verse dans un **burlesque** qui rejaillit sur toutes les consultations :

> TOINETTE. – Voilà un bras que je me ferais couper tout à l'heure, si j'étais que de vous. […] Vous avez là aussi un œil droit que je me ferais crever, si j'étais en votre place.
> (III, 10, l. 512-519)

- Attaqué par Argan, pour trop ridiculiser la médecine, et défendu par Béralde, Molière, qui jouait Argan, devient une sorte de personnage de sa propre pièce (III, 3).

3) Le comique de caractère

- C'est la forme la plus élaborée du comique. Il procède d'un décalage constant entre la **manie** ou la folie d'un personnage et l'**usage**, la norme sociale habituellement admise. Argan est ainsi un personnage

---
[1]. Pour plus de détails sur ce point, voir la fiche 3, p. 209.

FICHE **4**

profondément comique, non pas parce qu'il serait malade mais parce qu'il ne l'est qu'en imagination. Il appartient à la catégorie des extravagants, comme on disait au XVIIe siècle. Aucun des personnages sensés qui l'entourent, Toinette et Béralde, ne le prend au sérieux.

• De son côté, Thomas Diafoirus se distingue de son père par un surcroît de bêtise. Comme le précise une didascalie qui en fait le portrait, c'est « un grand benêt, nouvellement sorti des Écoles, qui fait toutes choses de mauvaise grâce et à contretemps » (II, 5).

• Angélique, tout à l'émerveillement d'aimer, qui ne cesse de vanter le charme et les qualités de Cléante, apporte en contrepoint une note souriante à ce comique de caractère (I, 4).

• Rarement comédie n'a autant concentré de procédés comiques que dans *Le Malade imaginaire*.

> **RÉCAPITULATIF**

Les ressorts comiques

1 Le comique visuel
- Le comique de gestes
- Les gags et les sketches
- Les déguisements

2 Les jeux du langage
- Les noms propres fabriqués
- Le comique de mots
- L'ironie et le sens de la formule

3 La prédominance du ridicule
- Le comique de situation : quiproquo et parodie
- Le comique de mœurs : le ridicule de la médecine
- Le comique de caractère : des personnages stigmatisés

FICHE 5 — Spectacle et comédie

Le Malade imaginaire ne se réduit pas à ses trois actes parlés et dialogués. Son prologue et ses trois intermèdes en font partie. La pièce forme un tout indissociable. Prise dans son ensemble, cette comédie-ballet constitue une mise en abyme du spectacle, renferme des comédies dans la comédie et campe des personnages qui donnent la comédie aux autres.

I • Une mise en abyme du spectacle

La mise en abyme consiste à reproduire une œuvre dans une œuvre similaire et, par extension, une **notion dans une notion**. *Le Malade imaginaire* en est une parfaite illustration. Comédie s'insérant dans un spectacle, celle-ci renferme symétriquement des spectacles pour participer à un carnaval généralisé.

1) Une comédie dans un spectacle

• La pièce est encadrée au début par un prologue et à la fin par le troisième et dernier intermède. Le Prologue de 1673 présente *Le Malade imaginaire* comme un divertissement conçu pour « délasser » (l. 7) Louis XIV ; celui de 1674, pour soulager les peines de cœur d'une Bergère.

• Les trois actes parlés forment donc un spectacle qui vient s'insérer dans un autre spectacle, chorégraphique celui-là, où interviennent des danseurs, chanteurs et musiciens, comme le précise la dernière entrée de ballet du Prologue :

> Faunes, Bergers et Bergères, tous se mêlent, et il se fait entre eux des jeux de danse, après quoi ils se vont séparer pour la Comédie. (l. 156-158)

2) Des spectacles dans la comédie

La comédie renferme à son tour plusieurs spectacles.

• Toinette a pour amant Polichinelle qui, dans le premier intermède, lui donne la **sérénade**. Il chante une chanson d'amour, est interrompu par des

Dossier • 219

FICHE 5

violons puis par une «vieille» qui se moque de lui. Une algarade s'ensuit, le Guet (la police) intervient, bastonne Polichinelle en cadence, au milieu de danseurs. Ce **ballet** aux allures de farce est à soi seul un spectacle.

• Il en va de même du second intermède, imaginé par Béralde pour divertir Argan. C'est de nouveau un ballet, dans lequel des danseurs font faire des **acrobaties** à des singes. Ce genre de numéro était courant dans les foires.

3) Un carnaval généralisé

• Tous ces spectacles qui s'emboîtent les uns dans les autres comme des poupées russes s'intègrent dans un spectacle encore plus vaste, du moins lors de la création de la pièce en février 1673: celui du carnaval qui avait alors lieu dans la période du **Mardi gras**, et auquel Béralde fait allusion (III, 4). Avec sa quarantaine de figurants, tous déguisés, qui chantent et dansent, le troisième intermède reproduit sur scène le carnaval qui se produisait dans les rues de Paris.

II • Des comédies dans la comédie

Dans le déroulement même de l'intrigue, il est par ailleurs beaucoup question de spectacle: tantôt avec le procédé du théâtre dans le théâtre, tantôt avec les farces et les déguisements, qui constituent autant de saynètes dans l'action.

1) Du théâtre dans le théâtre

• Les personnages se font parfois **acteurs**. Cléante et Angélique s'entretiennent de leur amour sous le couvert d'une pastorale qu'ils interprètent. Cléante en présente le sujet comme s'il en était l'**auteur** ou comme s'il devait en être le **metteur en scène**:

> CLÉANTE. – Un Berger était attentif aux beautés d'un spectacle [...] lorsqu'il fut tiré de son attention par un bruit qu'il entendit à ses côtés. (II, 5, l. 309-311)

• Puis Angélique et lui chantent un duo d'amour qualifié d'«**opéra**».

• Le débat entre Argan et Béralde sur la médecine évoque les «comédies de Molière» (III, 3), qu'Argan trouve impertinentes et Béralde, judicieuses.

220 • Le Malade imaginaire

- Enfin et surtout, le dénouement laisse entendre que chacun va devoir s'adapter au comportement du docteur Argan et l'entretenir dans ses fantaisies et illusions. C'est du moins ce que dit Béralde :

> BÉRALDE. – Nous y pouvons aussi prendre chacun un personnage, et nous donner ainsi la comédie les uns aux autres. (III, 14, l. 744-745)

- Dès lors, ce n'est plus le théâtre qui s'insère dans la vie, mais la **vie** qui devient **théâtre**.

2) Farces et déguisements

- Les scènes 7 à 14 de l'acte III constituent une succession de **petites comédies**. Toinette joue la comédie à Argan en se faisant passer pour un médecin et en lui donnant une consultation. Mis dans la confidence, Béralde est le spectateur, sur scène, de cette tromperie (III, 8-10). Coup sur coup, Argan feint d'être mort pour tester les réactions d'abord de Béline (III, 12), puis de sa fille Angélique (III, 14).

- Ces procédés sont traditionnels dans la farce. Ces fictions ou illusions, comme on disait alors, permettent paradoxalement d'accéder à la **vérité** : Béline est démasquée, tandis qu'Angélique gagne la bienveillance de son père.

III • Des personnages qui donnent la comédie

Deux personnages ne cessent enfin de donner la comédie aux autres : volontairement pour Béline qui fait de son hypocrisie un masque et un rôle ; involontairement pour Argan qui se croit réellement malade.

1) Béline l'hypocrite

- Béline endosse le rôle de l'épouse dévouée et aimante, qu'elle n'a jamais été. Chacune de ses apparitions est donc une **posture**, qui ne trompe certes personne, sauf Argan qui

> **Hypocrisie et comédie**
>
> Par définition, l'hypocrisie est un jeu, certes immoral, mais un jeu tout de même. Elle consiste en effet à feindre des sentiments, des vertus ou des opinions qu'on n'a pas. Elle est une apparence, une façade, bref, une comédie – comme on dit dans le langage courant que quelqu'un « joue la comédie ».

voit en elle l'amour de sa vie au point de vouloir en faire son héritière universelle.

2) Argan l'extravagant

• À sa façon, Argan joue aussi la comédie, en ce sens qu'il se prétend malade alors qu'il ne l'est physiquement pas. Il se sert à l'occasion de son statut officiel de malade pour obtenir ce qu'il veut. Toinette lui tient-elle tête ? « Ah ! ah ! je n'en puis plus. Voilà pour me faire mourir », s'exclame-t-il (I, 5). Béralde prend-il la défense de Molière ? « Ne parlons point de cet homme-là davantage, car cela m'échauffe la bile, et vous me donneriez mon mal » (III, 3), dit-il pour rompre la conversation.

• Avec ses lavements, sa peur de n'être pas suffisamment soigné ou d'être brutalement privé de médecin (III, 5), Argan est à lui seul un **spectacle**, qui donne et se donne la comédie.

Conclusion

Le Malade imaginaire est ainsi une comédie dans laquelle le théâtre est constamment présent : soit par des références explicites, soit par des ruses et tromperies, soit par le caractère des personnages. Tout se passe comme si chacun – d'Argan à Toinette, de Béline à Cléante et Angélique – tenait un rôle. Comme si la vie était elle-même un théâtre où chacun joue sa partition. *Le Malade imaginaire* consacre le triomphe de l'univers théâtral.

> **RÉCAPITULATIF**

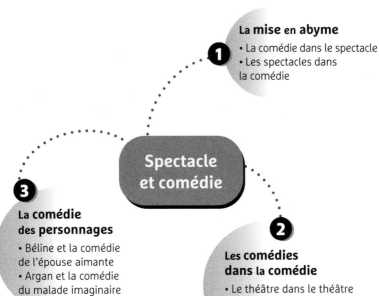

La mise en abyme
- La comédie dans le spectacle
- Les spectacles dans la comédie

Spectacle et comédie

Les comédies dans la comédie
- Le théâtre dans le théâtre
- Les petites comédies farcesques

La comédie des personnages
- Béline et la comédie de l'épouse aimante
- Argan et la comédie du malade imaginaire

Dossier • 223

FICHE 6 — *Le Malade imaginaire* en *15 citations*

Citations clés

Voici une sélection de 15 citations clés classées par thèmes. Apprenez-les par cœur : cela vous permettra, lors des épreuves du bac, d'illustrer précisément votre argumentation sur l'œuvre.

● Le personnage d'Argan

« Est-il possible qu'on laisse comme cela un pauvre malade tout seul ? […] ah, mon Dieu ! ils me laisseront ici mourir.

(ARGAN. I, 1, p. 34)

« C'est pour moi que je lui donne ce médecin ; et une fille de bon naturel doit être ravie d'épouser ce qui est utile à la santé de son père.

(ARGAN, *sur le mari qu'il choisit pour Angélique.* I, 5, p. 46)

« Il marche, dort, mange, et boit tout comme les autres ; mais cela n'empêche pas qu'il ne soit fort malade.

(TOINETTE, *à propos d'Argan.* II, 2, p. 81)

« J'entends, mon frère, que je ne vois point d'homme qui soit moins malade que vous, et que je ne demanderais point une meilleure constitution que la vôtre.

(BÉRALDE. III, 3, p. 119)

> Me voilà délivrée d'un grand fardeau. […] Quelle perte est-ce que la sienne ? et de quoi servait-il sur la terre ? Un homme incommode à tout le monde, malpropre, dégoûtant, sans cesse un lavement ou une médecine dans le ventre […].
> (BÉLINE, *quand Toinette lui fait croire qu'Argan est mort.* III, 12, p. 145-146)

● La médecine et les médecins

> Ils [les médecins] ont en vous une bonne vache à lait […].
> (TOINETTE, *à Argan.* I, 2, p. 38)

> Ce qui me plaît de lui, et en quoi il suit mon exemple, c'est qu'il s'attache aveuglément aux opinions de nos anciens, et que jamais il n'a voulu comprendre ni écouter les raisons et les expériences des prétendues découvertes de notre siècle […].
> (M. DIAFOIRUS, *à propos de son fils.* II, 5, p. 89)

> THOMAS DIAFOIRUS. – Ce qui marque une intempérie dans le *parenchyme splénique*, c'est-à-dire la rate.
> MONSIEUR DIAFOIRUS. – Fort bien.
> ARGAN. – Non : Monsieur Purgon dit que c'est mon foie qui est malade.
> MONSIEUR DIAFOIRUS. – Eh ! oui : qui dit *parenchyme*, dit l'un et l'autre, à cause de l'étroite sympathie qu'ils ont ensemble, par le moyen du *vas breve du pylore*, et souvent des *méats cholidoques*.
> (*Une consultation médicale effectuée par de vrais médecins.* II, 6, p. 105-106)

> ARGAN. – J'ai quelquefois des maux de cœur.
> TOINETTE. – Le poumon. […]
> ARGAN. – Et quelquefois il me prend des douleurs dans le ventre, comme si c'étaient des coliques.
> TOINETTE. – Le poumon. […] Le poumon, le poumon, vous dis-je.
> (*Une consultation médicale effectuée par un faux médecin.* III, 10, p. 138-139)

Dossier • **225**

ARGAN. – Vous ne croyez donc point à la médecine ?
BÉRALDE. – Bien loin de la tenir véritable, je la trouve, entre nous, une des plus grandes folies qui soit parmi les hommes, et à regarder les choses en philosophe, je ne vois point de plus plaisante momerie, je ne vois rien de plus ridicule qu'un homme qui se veut mêler d'en guérir un autre.

(III, 3, p. 120)

● Autres répliques savoureuses

Il n'y a rien qui enrhume tant que de prendre l'air par les oreilles.

(BÉLINE, *à Argan*. I, 6, p. 56)

Je vous invite à venir voir l'un de ces jours, pour vous divertir, la dissection d'une femme, sur quoi je dois raisonner.

(THOMAS DIAFOIRUS, *à Angélique*. II, 5, p. 92)

ARGAN. – Combien est-ce qu'il faut mettre de grains de sel dans un œuf ?
MONSIEUR DIAFOIRUS. – Six, huit, dix, par les nombres pairs ; comme dans les médicaments, par les nombres impairs.

(II, 6, p. 106)

Les grimaces d'amour ressemblent fort à la vérité ; et j'ai vu de grands comédiens là-dessus.

(TOINETTE, *à Angélique s'inquiétant de la sincérité de l'amour de Cléante*.
I, 4, p. 42)

Il faut qu'il ait tué bien des gens, pour s'être fait si riche.

(TOINETTE, *à propos de Monsieur Purgon*. I, 5, p. 47)

ARTS et culture

Faste et spectacle au siècle de Louis XIV

Le règne de Louis XIV marque l'apogée de la monarchie absolue : sa volonté de maintenir la cour et les courtisans dans une soumission totale se traduit par l'instauration d'une étiquette très codifiée et d'une forme de culte de la personnalité. Maître absolu, le roi tient à l'être jusque dans l'organisation des fêtes somptueuses qui manifestent sa puissance et celle de la France.

Dès l'âge de treize ans, il participe aux ballets royaux, dont la vogue remonte au règne de Catherine de Médicis. Dans *Le Ballet royal de la Nuit* (● IMAGE 1), il apparaît notamment en Apollon, justifiant l'appellation de « Roi-Soleil » qu'il se choisit. Musique, danses, décors, costumes : tous les aspects du spectacle sont élaborés par les plus grands artistes du temps, dont les talents sont mis au service de la gloire du roi. Ce ballet est resté si célèbre par son succès et sa magnificence qu'il a été choisi en 2020 pour fêter les 250 ans de l'Opéra royal, en une **mise en scène contemporaine fastueuse** (● IMAGE 4).

Molière, en tant que directeur de la Troupe royale, organisa de tels spectacles de cour, comme ses comédies-ballets. Jusque dans ces pièces, qui mêlent entrées de ballet, chants et comédie, il demeure l'héritier de la farce, de ses personnages-types et du jeu des comédiens italiens, dont il sait exploiter le comique imagé et immédiat – son portrait dans les *Farceurs français et italiens* (● IMAGE 2) en témoigne.

Le Malade imaginaire, sa dernière pièce, est une comédie-ballet, comme si, au faîte de sa gloire, celui-ci avait voulu montré toute la palette de ses talents en un spectacle total. Le **fauteuil** (● IMAGE 3) qui l'a vu jouer son dernier rôle, celui d'Argan, est aujourd'hui conservé à la Comédie-Française.

L'influence italienne dans les arts vivants se poursuit les siècles suivants avec l'opéra-bouffe en particulier, sous genre de l'opéra-comique privilégié par le compositeur Jacques Offenbach (1819-1880) dans *Les Brigands* (● IMAGE 5).

ARTS ET CULTURE

1. Louis XIV en Apollon pour *Le Ballet royal de la Nuit* (vers 1653)

- **Auteur** : anonyme
- **Genre** : dessin de costume de scène

 Le dessin est reproduit en couleurs en 2ᵉ de couverture.

Un roi solaire

Cette œuvre représente le roi Louis XIV, âgé de quinze ans, sous l'apparence du dieu antique du soleil et des arts, Apollon. C'est l'un des six personnages qu'il interpréta au *Ballet royal de la Nuit*, présenté au Petit-Bourbon en février 1653 devant sa mère, la reine Anne d'Autriche, le cardinal Mazarin et la cour. Les plus nobles personnages jouèrent et dansèrent lors de ce spectacle fastueux en une succession de quarante-cinq tableaux mythologiques, chevaleresques, ou quotidiens et comiques.

 Lire l'image

1/ Décrivez la posture du roi. Que suggère-t-elle ?
2/ Quels sont les éléments du costume qui évoquent Apollon, appelé aussi Phébus, « le brillant » ?
3/ Quels aspects en font une riche tenue caractéristique du XVIIᵉ siècle ?
4/ Quels aspects du roi ce costume met-il en valeur ?

2. *Farceurs français et italiens* (1670)

- **Auteur** : anonyme
- **Technique** : peinture (huile sur toile)
- **Dimensions** : 96 x 138 cm
- **Genre** : portrait collectif

 L'œuvre est reproduite dans le cahier couleurs, p. I.

La tradition de la farce

Ce tableau, comme ses variantes – dont l'une, intitulée *Les Délices du genre humain*, est conservée à la Comédie-Française –, s'inspire d'une série de gravures de Grégoire Huret, *Les Comédiens de l'Hôtel de Bourgogne*, imprimée vers 1637-1639. Il y avait notamment représenté les portraits des farceurs français Gros Guillaume, Turlupin, Matamore, Jodelet, Guillot-Gorju et Gautier Garguille. À leurs côtés, les grands noms de la *commedia dell'arte*, dont Polichinelle, sont reconnaissables.

Lire l'image

1/ Décrivez le décor dans lequel les personnages sont représentés.
2/ Montrez que les costumes, les gestes et les postures des personnages sont caractéristiques de ceux de la farce.
3/ Molière est ici représenté dans le rôle d'Arnolphe, personnage de *L'École des femmes*. Identifiez-le sur le tableau et décrivez-le. Quelle impression émane de son portrait ?

---

3 Fauteuil utilisé par Molière lors de sa dernière représentation salle Richelieu, en février 1673

- **Date de fabrication** : milieu du XVIIe siècle
- **Matière** : bois recouvert de peau noire
- **Dimensions** : 123 x 68 x 82 cm
- **Lieu de conservation** : Comédie-Française

 La photo du fauteuil est reproduite dans le cahier couleurs, p. II.

Le fauteuil dont Molière s'est servi lors de sa dernière représentation du *Malade imaginaire* en 1673 est aujourd'hui conservé à la Comédie-Française. Trop usé pour être utilisé aujourd'hui, il est devenu relique et ne figure qu'à de rares occasions sur scène. La femme de théâtre Ariane Mnouchkine l'a utilisé pour jouer la dernière scène de son film *Molière, ou la vie d'un honnête homme* (1978), hommage cinématographique à son illustre prédécesseur.

ARTS ET CULTURE

4. *Le Ballet royal de la Nuit*, version contemporaine (2020)

- **Direction musicale** : Sébastien Daucé
- **Mise en scène et costumes** : Francesca Lattuada
- **Genre** : opéra-ballet

 La photo est reproduite dans le cahier couleurs, p. III.

Un hommage contemporain au ballet royal

Cette adaptation contemporaine du ballet de 1653 a marqué la saison 2017-2018 du Théâtre de Caen où elle a été créée. Cet opéra-ballet fidèle à la partition originale fait intervenir chanteurs, musiciens, acrobates et jongleurs, vêtus de costumes chatoyants, en une suite rapide de tableaux poétiques et baroques. Un spectacle total choisi pour fêter les 250 ans de l'Opéra royal de Versailles en mai 2020.

Lire l'image

1/ À quoi voit-on qu'il s'agit d'un opéra ?
2/ Décrivez décor et costumes. Quels choix en font une mise en scène contemporaine ?
3/ Quels sont les éléments qui peuvent évoquer le siècle de Louis XIV ?

5. Affiche de l'opéra-bouffe *Les Brigands* (1878)

- **Auteur** : Jules Chéret (1836-1932), peintre, dessinateur et affichiste
- **Genre** : affiche de spectacle

 L'affiche est reproduite dans le cahier couleurs, p. IV.

L'opéra-bouffe, fantaisie théâtrale du XIXe siècle

Ce type de spectacle, qui mêle opéra et comédie, dialogues parlés et parties chantées, est une variété d'opéra-comique. Il fut appelé « opéra-bouffe » par le compositeur Jacques Offenbach, d'après le nom du Théâtre des

Bouffes-Parisiens qu'il créa en 1855. *Les Brigands* est un opéra-bouffe en trois actes, dont le livret fut écrit par Henri Meilhac et Ludovic Halévy, créé au Théâtre des Variétés à Paris en 1869. Il s'agit ici de l'affiche de la seconde version en quatre actes, créée au Théâtre de la Gaité en 1878.

Lire l'image

1/ En observant les costumes et les attitudes des personnages, faites des hypothèses sur l'intrigue de cet opéra.
2/ Analysez la composition de l'affiche et ses couleurs : que cherche-t-elle à mettre en valeur afin de susciter l'intérêt des spectateurs ?
3/ À quoi voit-on qu'il s'agit d'un spectacle ?

L'épreuve *écrite*

Sujet de **dissertation** n° 1

Molière affirme : « Le théâtre n'est fait que pour être vu. »
Vous discuterez cette affirmation dans un développement argumenté, en vous appuyant sur votre lecture du *Malade imaginaire* et sur les autres textes étudiés dans le cadre du parcours « Spectacle et comédie ».

pour vous aider

Pour la méthode générale de la dissertation, reportez-vous à la fiche page 242.

① Analyser le sujet

Pour s'inscrire dans le cadre de l'œuvre et du parcours, nous nous attacherons à analyser le sujet à la lumière de la comédie.
Dans cette citation, le dramaturge lui-même, Molière, qui est aussi comédien et metteur en scène, emploie une phrase déclarative à valeur de vérité générale. La tournure restrictive « ne... que » renforce son propos : le théâtre a pour unique raison d'être et unique but d'être vu par un public. Il affirme ainsi que le genre théâtral relève avant tout de l'art vivant, ce qui laisse entendre que le texte d'une comédie ne s'accomplit que par sa mise en scène sous forme de spectacle.

② Formuler la problématique

Dans quelle mesure la comédie est-elle faite pour être représentée et peut-elle constituer un spectacle total ?

③ Organiser ses idées

> **1. La comédie, un art vivant et visuel**

• En quoi le texte théâtral mime-t-il des situations et des échanges verbaux quotidiens ? Montrez que leur vraisemblance contribue à l'illusion théâtrale, qui emporte l'adhésion du spectateur.
• Quels types de comique s'avèrent particulièrement visuels ?

> **2. La dimension spectaculaire de la comédie**

• Montrez la variété des personnages, des décors et des costumes dans *Le Malade imaginaire*, et l'intérêt du travestissement dans les comédies.

232 • Le Malade imaginaire

- Interrogez-vous sur la place et la fonction des parties chantées et dansées (entrées de ballet et intermèdes) au sein des comédies-ballets et des opéras-comiques.
- Analysez les textes du parcours qui s'apparentent à du méta-théâtre ou à du théâtre dans le théâtre (Molière, Corneille, Shakespeare) et montrez que ces procédés participent au divertissement du spectateur.

> 3. Les autres visées de la comédie

- Plaire et divertir : montrez comment Molière suscite le rire, notamment par le choix des thèmes de la pièce et l'emploi du registre satirique.
- Prôner une morale mesurée et joyeuse en faveur de la vie : analysez par exemple les rôles de Toinette et de Béralde, le dénouement de la pièce ainsi que les propos d'Alcandre dans *L'Illusion comique* de Corneille.

4) Rédiger la dissertation

> L'introduction

Elle doit analyser la citation de façon précise et nommer les spécificités de la comédie – par opposition à la tragédie, à la tragi-comédie, au drame romantique et au « théâtre dans un fauteuil ». La problématique formulée doit faire le lien entre le sujet et le thème du parcours « Spectacle et comédie ».

> Le développement

Appuyez-vous sur votre plan établi au brouillon. N'oubliez pas d'illustrer chacun de vos arguments par un exemple tiré de pièces relevant du genre comique.

> La conclusion

Elle doit récapituler les étapes de votre réflexion et formuler une réponse claire à la problématique formulée en introduction : en l'occurrence, la comédie telle que Molière la conçoit et la crée constitue non seulement une œuvre visuelle vivante mais un spectacle total, qui répond à sa volonté de plaire pour instruire et célébrer ce qu'il y a de plus heureux dans la nature humaine. Les successeurs et dramaturges contemporains ont exploité les ressources techniques du plateau et d'autres arts (musique, vidéographie, chorégraphie, etc.) pour conserver cette dimension spectaculaire.

L'ÉPREUVE **ÉCRITE**

Sujet de **dissertation** n° 2

Molière, dans le premier placet présenté au roi sur la comédie du *Tartuffe* (1664), écrit : « Le devoir de la comédie [est] de corriger les hommes en les divertissant. »

Vous discuterez cette affirmation dans un développement argumenté, en vous appuyant sur votre lecture du *Malade imaginaire* et sur les autres textes étudiés dans le cadre du parcours « Spectacle et comédie ».

👍 *pour vous aider*

Pour la méthode générale de la dissertation, reportez-vous à la fiche page 242.

1) Analyser le sujet

Le XVIIe siècle, siècle de Louis XIV et du classicisme, est aussi celui du moralisme, comme en témoignent le débat sur les passions humaines et l'idéal de l'honnête homme. Dans ce contexte, et à une époque où l'on aime aussi se divertir, Molière attribue une noble tâche à la comédie, genre considéré comme inférieur : « corriger les hommes en les divertissant ».

2) Formuler la problématique

Comment la comédie, en donnant à voir le spectacle des défauts et des vices de l'homme, peut-elle défendre des valeurs morales auprès de ses spectateurs ?

3) Organiser ses idées

> 1. Le rire et le divertissement, fondements du genre comique

• Montrez que le genre comique a pour visée principale de faire rire les spectateurs : quelles situations, quels personnages font rire ? Pensez notamment à la farce et à la *commedia dell'arte*.
• Analysez les effets des différents types de comique (mots, gestes, situation, mœurs, caractère).

> 2. L'efficacité du spectacle comique

• Montrez que la comédie crée une complicité avec le spectateur (situations ordinaires, jeunes gens amoureux, valets drôles et rusés, personnages raisonnables).
• Rendre sensible au ridicule emporte l'adhésion : en quoi les personnages ridicules des comédies de caractère suscitent-ils le rire ? Analysez leurs comportements excessifs et l'emploi de la tonalité satirique.

234 • *Le Malade imaginaire*

- Interrogez-vous sur l'efficacité de la comédie en tant que spectacle complet susceptible de charmer et de captiver le spectateur.

> 3. La noblesse du genre comique
- Montrez, avec l'exemple de comédies en actes et en vers de Molière, que la comédie a progressivement reçu ses lettres de noblesse.
- Comme l'affirme Molière, qui reprend le précepte d'Horace (« *castigat ridendo mores* ») selon lequel la comédie n'est pas seulement faite pour faire rire, la comédie se trouve justifiée par sa dimension didactique et sa visée moraliste : le divertissement est un moyen, non un but.

4) Rédiger la dissertation

> L'introduction
Elle doit expliquer la citation de Molière et particulièrement ce que signifie « corriger les hommes ». On rappelle ici l'origine de la comédie et son but essentiel, qui est de faire rire. Cependant, la problématique doit exposer le fait qu'elle possède une autre visée, d'ordre moral, que sert le spectacle des comportements humains.

> Le développement
Appuyez-vous sur votre plan établi au brouillon. N'oubliez pas d'illustrer chacun de vos arguments par un exemple tiré de pièces relevant du genre comique.

> La conclusion
Elle doit montrer que si la comédie, par essence, s'emploie à susciter le rire du spectateur, cela n'est pas une fin en soi : le rire et le divertissement apparaissent bien plutôt comme des moyens d'emporter l'adhésion du spectateur auquel le dramaturge livre sa vision de l'homme.

L'ÉPREUVE **ÉCRITE**

Sujet de **commentaire**

Marivaux, *Le Jeu de l'amour et du hasard*, II, 9

> texte 3, pages 173-174

Commentez le texte.

Vous devrez composer un devoir qui présente de manière organisée ce que vous avez retenu de votre lecture et justifier, par des analyses précises, votre interprétation et vos jugements personnels.

Pour la méthode générale du commentaire, reportez-vous à la fiche page 244.

Dans cette scène, le travestissement des protagonistes donne lieu à un quiproquo amoureux et à une comédie dans la comédie. Les jeunes Silvia et Dorante, destinés à s'épouser, mais désireux de se connaître auparavant de façon détournée, se sont déguisés : l'une en sa servante Lisette, l'autre en son valet Bourguignon.

1) Analyser le sujet

Il faut bien comprendre ici que Silvia croit s'adresser au valet Bourguignon et Dorante à la servante Lisette. Silvia est inquiète car elle se sent attirée par celui dont elle pense qu'il n'est qu'un valet.

2) Formuler la problématique

Comment cette scène de quiproquo amoureux révèle-t-elle paradoxalement les véritables sentiments des personnages derrière leur comédie ?

3) Organiser ses idées

> 1. Un dialogue amoureux

• Montrez que Dorante est véritablement amoureux (lexique employé, types de phrases, expressions du regret et de l'incertitude).
• Analysez les apartés de Silvia : que révèlent-ils de ses sentiments ?

> 2. Un jeu de dupes

• Quel revirement l'entrée en scène d'Orgon et de Mario suscite-t-elle chez Silvia ? Étudiez ce qui oppose ses répliques précédant la didascalie à celles qui la suivent.
• Expliquez comment ce revirement fait passer Dorante du désespoir à l'espoir : analysez sa réplique précédant l'entrée en scène d'Orgon et de Mario et sa dernière réplique, en commentant l'emploi des modes verbaux (impératif puis subjonctif).

236 • *Le Malade imaginaire*

> 3. Le double plaisir du spectateur

• En quoi le travestissement des personnages contribue-t-il à rendre l'action plaisante ? Rappelez en quoi consiste ici le quiproquo et analysez-le du point de vue du spectateur.

• Quel rôle l'entrée en scène d'Orgon et de Mario joue-t-elle ? Montrez que ces deux personnages sont comme des doubles du spectateur, assistant à une comédie dont, comme ce dernier, ils connaissent les véritables protagonistes.

L'épreuve orale

Sujet d'oral n° 1

Molière, *Le Malade imaginaire*, I, 2
> pages 35-39, lignes 91 à 120

1) LECTURE ORALISÉE

👍 • Lisez avec conviction les interjections de Toinette (« Ha ! »).
• Ne prononcez pas le *l* final de « soûl ».

2) EXPLICATION DU PASSAGE

👍 • Analysez la situation et le rapport de force entre Argan, le maître, et Toinette, sa servante. Appuyez-vous sur les types de phrases qu'ils emploient et sur les didascalies, ainsi que sur les injures proférées par Argan.
• Que révèle cette scène du caractère de Toinette et du tempérament d'Argan ? Montrez qu'Argan est autoritaire et colérique, et que Toinette est rusée et spirituelle.

3) QUESTION DE GRAMMAIRE
> Dans les répliques d'Argan, relevez trois phrases injonctives employant des procédés grammaticaux différents.

👍 La phrase injonctive exprime un ordre, une défense ou un conseil. Elle peut être aux modes impératif, impersonnel ou subjonctif.

Questions *pour l'entretien*

Ces questions, qui font référence au Mariage de Figaro, *de Beaumarchais, ont été conçues à titre d'exemples.*

1 Dans votre dossier est mentionnée la lecture du *Mariage de Figaro* de Beaumarchais. Pouvez-vous présenter brièvement cette œuvre et exposer les raisons de votre choix ?

2 À quels personnages de cette pièce la servante Toinette du *Malade imaginaire* vous fait-elle penser ? Pour quelles raisons ?

3 Que dénonce Beaumarchais dans cette pièce ?

Sujet d'**oral** n° 2

Corneille, *L'Illusion comique*, V, 6
> texte 5, pages 179-181

1) LECTURE ORALISÉE

👍 • Lisez correctement les alexandrins – attention au *e* muet – et marquez bien les liaisons.
• Ne faites pas de pause à la fin d'un vers qui fait l'objet d'un enjambement.

2) EXPLICATION DU PASSAGE

👍 • Pourquoi cette scène constitue-t-elle un coup de théâtre ? Expliquez ce que révèle Alcandre et la réaction de Pridamant – manifestée notamment par l'emploi de phrases exclamatives.
• Analysez la situation d'énonciation et le procédé du théâtre dans le théâtre : dans quelle mesure Pridamant s'est-il trouvé, tout comme le spectateur, la dupe de l'illusion théâtrale ?
• Montrez que les tirades d'Alcandre expliquent la nature de l'art théâtral.

3) QUESTION DE GRAMMAIRE > Analysez la nature et la fonction des propositions subordonnées des vers 32 et 36.

👍 • Ces deux propositions ont la même nature et la même fonction.
• Analysez bien le mot qui introduit chacune d'elles.

Questions *pour l'entretien*

Ces questions, qui font référence au Bourgeois gentilhomme, *de Molière, ont été conçues à titre d'exemples.*

1 Dans votre dossier est mentionnée la lecture du *Bourgeois gentilhomme* de Molière. Pouvez-vous présenter brièvement cette œuvre et exposer les raisons de votre choix ?

2 Peut-on comparer Monsieur Jourdain à Argan dans *Le Malade imaginaire* ? Pour quelles raisons ?

3 Comment définiriez-vous la comédie-ballet ?

Dossier • **239**

L'ÉPREUVE **ORALE**

DES IDÉES DE *lectures cursives...*

- **MOLIÈRE,**
Le Malade imaginaire
(1673)

1500   **1600**   **1700**

- **SHAKESPEARE,**
Le Songe d'une nuit d'été
(1596)

- **BEAUMARCHAIS,**
Le Mariage de Figaro
(1784)

Lors d'une nuit d'été onirique, deux couples d'amants tentent de se retrouver, le roi des elfes et la reine des fées se disputent, et des artisans s'improvisent acteurs et préparent une pièce de théâtre qu'ils doivent jouer. Une délicieuse fantaisie shakespearienne.

Figaro, valet du comte Almaviva, s'apprête à épouser sa fiancée Suzanne. Mais le Comte tente de la séduire. Figaro parviendra-t-il à épouser celle qu'il aime ? Avec sa musique, ses chansons et ses danses, la pièce est tout autant une comédie qu'un spectacle éblouissant.

Sur le plateau d'une scène de théâtre, une troupe de comédiens s'apprête à répéter *Le Jeu des rôles*, une autre pièce de Pirandello. Le théâtre dans le théâtre est ici le moyen pour le dramaturge de questionner la place du créateur face à sa création et celle du spectateur face à l'illusion théâtrale.

• PIRANDELLO, *Six Personnages en quête d'auteur* (1921)

1800   **1900**

• APOLLINAIRE, *Les Mamelles de Tirésias* (1917)

Drame surréaliste en deux actes et un prologue, cette pièce féministe et antimilitariste met en scène le changement de sexe de Thérèse qui devient Tirésias. Il est adapté en opéra-bouffe par Francis Poulenc en 1947.

MÉTHODE 1

RÉUSSIR la **dissertation**

Le jour du bac, vous avez le choix entre trois sujets de dissertation sur un même objet d'étude, selon l'œuvre et le parcours que vous avez étudiés en classe. Vous devez montrer que vous en avez compris les principaux enjeux.

1 • Analyser le sujet

• Le sujet se présente en général sous la forme d'une question ou sous la forme d'une citation suivie d'une question. Une phrase de consigne délimite ensuite le champ de votre réflexion (l'œuvre seule ou l'ensemble des textes pouvant s'inscrire dans le parcours concerné).

• Lisez attentivement l'ensemble de l'énoncé. Identifiez les **mots clés** et définissez-les si nécessaire.

2 • Formuler la problématique, trouver des idées

• Reformulez alors la citation et/ou la question pour mettre en évidence le **problème posé**.

• Notez en vrac toutes les **idées** qui vous viennent à l'esprit, **en lien avec ce problème** : à ce stade, il n'y a pas de mauvaise idée.

• Listez au brouillon **les œuvres et les textes** que vous avez lus dans le cadre du parcours concerné : ils pourront vous fournir de précieux exemples. Quel éclairage apportent-ils sur le sujet ?

3 • Organiser ses idées

• Reprenez vos notes et organisez vos idées : pour chaque partie, vous devez avoir au moins deux **arguments**, illustrés par un ou plusieurs **exemples** chacun. Chaque argument correspond à une sous-partie.

• Mettez **vos connaissances au service de votre argumentation** : il ne s'agit pas de « recaser » des citations ou des éléments d'analyse appris

242 • Le Malade imaginaire

par cœur, mais de sélectionner les exemples les plus pertinents et de montrer comment ils illustrent votre idée.

Quel type de plan ?

La formulation du sujet peut vous indiquer le type de plan à privilégier.

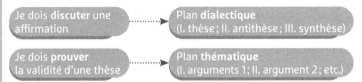

• Dans le cas d'un plan dialectique, vous devez d'abord expliciter l'affirmation (I), puis formuler des réserves (II), avant de la reformuler pour dépasser l'opposition entre I et II (III). Notez bien que l'antithèse ne consiste pas à dire le contraire de ce qui a été dit dans la thèse, mais à en évoquer les limites ou les lacunes.

• Dans le cas d'un plan thématique, présentez successivement différents arguments en faveur de la thèse proposée.

4 • Rédiger la dissertation

• Rédigez d'abord votre **introduction** au brouillon. Elle doit comporter :
– une phrase d'amorce ;
– la citation qui sert de support au sujet (le cas échéant) ;
– une reformulation de la problématique ;
– l'annonce de votre plan.

• Rédigez ensuite votre développement en suivant le **plan établi au brouillon** (une sous-partie = un paragraphe).

Ménagez des transitions entre vos grandes parties.

• Rédigez enfin une **conclusion** qui synthétise votre point de vue et répond au problème posé par le sujet. Vous pouvez terminer en élargissant le débat (autre époque, autres arts…).

Conseil Ménagez des transitions entre vos grandes parties et utilisez des connecteurs logiques pour aider le correcteur à comprendre la logique de votre argumentation.

• Relisez attentivement l'ensemble de votre devoir : que vous soyez à l'aise ou non en orthographe, on fait souvent des fautes lorsque l'on est pris dans le fil d'une réflexion. L'important est de réussir à les corriger !

MÉTHODE

2 RÉUSSIR le commentaire de texte

Le commentaire consiste à proposer une interprétation d'un texte littéraire de manière argumentée. Le texte proposé au bac relève de l'un des objets d'étude abordés pendant l'année, mais n'est pas extrait d'une œuvre au programme.

1 • Analyser le texte

• Lisez une première fois le texte, sans oublier le paratexte et les notes : cela vous permet d'établir sa « **carte d'identité** ».

• À l'aide du paratexte et de la connaissance que vous pouvez avoir de l'œuvre, **situez le texte** le plus précisément possible.

2 • Dégager la problématique

• Notez vos **impressions de lecture** : qu'avez-vous compris ? quel effet le texte produit-il sur vous ?

• Relisez plusieurs fois le texte en l'annotant : identifiez sa **structure** et repérez les **procédés littéraires** qui vous semblent signifiants. Notez toutes vos remarques au brouillon.

• Essayez de résumer la **spécificité du texte** en une phrase : qu'est-ce qui le rend intéressant, selon vous ? Cela vous permet de formuler votre problématique, de préférence sous forme de question : « Comment…? », « En quoi…? »

3 • <u>Organiser ses idées</u>

• Identifiez ensuite **deux ou trois pistes de réponse** (ou axes de lecture) qui structureront votre analyse. Attention, un procédé littéraire ne constitue pas un axe de lecture !

Dans les séries technologiques, le sujet comporte un parcours de lecture, qui vous donne les deux grandes parties de votre commentaire.

• Classez les éléments relevés de manière à constituer des parties et des sous-parties équilibrées. Votre plan doit aller **du plus simple au plus complexe**.

• Chaque sous-partie doit comporter :

4 • <u>Rédiger le commentaire</u>

• Rédigez d'abord votre **introduction** au brouillon. Elle doit comporter :
– une phrase d'amorce ;
– une courte présentation du texte, qui le définit et le situe ;
– votre problématique ;
– l'annonce de votre plan.

• Rédigez ensuite votre développement en suivant le plan établi au brouillon. Retenez que : **un paragraphe = une sous-partie**.

Ménagez des transitions entre vos grandes parties.

• Rédigez enfin une **conclusion** qui synthétise votre démonstration et répond à la problématique. Vous pouvez terminer en ouvrant sur d'autres textes partageant les mêmes enjeux, mais évitez les ouvertures artificielles.

Conseil Consacrez environ 1 heure 30 à la rédaction au propre. Gardez au moins 10 minutes pour vous relire : la qualité de la langue fait partie des critères d'évaluation !

MÉTHODE 3 — RÉUSSIR l'épreuve orale

L'épreuve orale dure 20 minutes et vous disposez de 30 minutes de préparation. Vous êtes évalué tant sur vos connaissances que sur votre capacité à vous exprimer à l'oral.

1 • Comprendre l'épreuve

L'épreuve orale se déroule comme suit :

1re partie : exposé (⏲ 12 min 📊 12 points)	2de partie : entretien (⏲ 8 min 📊 8 points)
• lecture du texte • explication linéaire • question de grammaire	• présentation d'une œuvre intégrale • échange avec l'examinateur

2 • Bien gérer le temps de préparation

• Commencez par **délimiter le passage** à expliquer : il ne correspond pas forcément à la totalité de l'extrait étudié en classe.

• Lisez une première fois le texte pour vous le remettre en mémoire, puis relisez-le en l'annotant. Notez les **idées importantes**, dans l'ordre du texte, en utilisant un code couleur qui vous permette de vous repérer facilement dans vos notes et dans le texte.

Conseil : N'essayez pas de rédiger l'intégralité de votre explication : face à l'examinateur, vous devez être naturel(le) et spontané(e).

• N'hésitez pas à structurer votre explication en vous appuyant sur les **mouvements du texte**.

• Prévoyez environ 5 minutes pour répondre à la question de grammaire et 5 minutes pour préparer la 2de partie de l'oral, en notant les points clés de la présentation.

3 • Réussir la première partie de l'oral

- Présentez brièvement le texte (auteur, œuvre, époque, parcours dans lequel il s'inscrit), puis lisez-le à haute voix.

> **Conseil** Soignez la lecture : ne parlez pas trop vite, faites les liaisons et utilisez une intonation adaptée.

- Expliquez le texte **sans le paraphraser** : il ne s'agit pas de reformuler le propos de l'auteur, mais de proposer une interprétation du texte. Vous devez donc toujours analyser les procédés que vous relevez.

- **Concluez** votre explication en synthétisant vos observations : quels sont les principaux enjeux du texte ? Ouvrez éventuellement en évoquant d'autres textes du parcours.

- Répondez enfin à la question de grammaire :
– citez la phrase ou le passage concerné ;
– décrivez le fait grammatical en utilisant un vocabulaire adapté.

4 • Réussir la seconde partie de l'oral

- Dans un premier temps, l'examinateur vous invite à **présenter l'œuvre** que vous avez choisie. Soyez concis mais efficace :
– résumez brièvement l'œuvre et ses principaux enjeux ;
– expliquez pourquoi vous avez choisi de la présenter.

- L'examinateur prendra appui sur votre présentation pour vous poser des questions. C'est surtout votre **aptitude à dialoguer** qui est évaluée : efforcez-vous de développer vos réponses et de réagir aux propositions de l'examinateur.

Quelques conseils pour être à l'aise à l'oral

PENDANT L'ANNÉE
- prendre la parole en public dès que possible
- repérer les tics de langage et les gestes nerveux et s'entraîner à les éliminer

JOUR J
- prendre le temps de s'installer confortablement
- ne pas parler trop vite ni trop bas
- respirer profondément

Dossier • 247

Lexique du théâtre

Absurde (théâtre de l')

Mouvement théâtral apparu en réaction à la Seconde Guerre mondiale qui conteste la logique et les règles dramaturgiques traditionnelles et qui marque un « retour du tragique » (J.-M. Domenach).

Abyme (mise en)

Procédé qui consiste à inscrire dans l'œuvre une réflexion sur l'œuvre elle-même, ce qui brouille les frontières entre le réel et l'imaginaire. Exemple : mettre en scène des personnages qui jouent une pièce de théâtre.

Aparté

Mot ou parole brève qu'un personnage dit à part soi, en présence d'autres personnages, et que seul le spectateur est censé entendre.

Bienséances

Notion propre au théâtre classique. La bienséance externe répond à une exigence de convenance morale et vise à dissimuler tout élément susceptible de choquer le public. La bienséance interne concerne la cohérence de la structure de la pièce et des personnages.

Catharsis

Définie par Aristote, elle désigne la fonction moralisatrice de la tragédie classique qui purge (libère) par procuration le spectateur de ses passions néfastes, en faisant de lui le témoin des pulsions et des souffrances du personnage.

Comédie

Pièce divertissante représentant des personnages de moyenne et basse condition et dont le dénouement est nécessairement heureux.

Coup de théâtre

Tout événement inattendu qui modifie radicalement le cours de l'action ou son dénouement.

Dénouement

Ce qui conclut une pièce de théâtre et « dénoue » le nœud dramatique. Il doit être nécessaire, complet et rapide.

Deus ex machina

Tout événement, toute intervention surnaturelle, tout personnage dont l'arrivée fortuite au dernier acte dénoue providentiellement la situation.

Didascalies

Instructions de jeu et de mise en scène données, dans le texte même, par l'auteur pour ses personnages.

Dramatique

Tonalité qui caractérise des scènes riches en péripéties, fondées sur une succession rapide d'actions ou d'événements, dans une atmosphère de tension et de violence.

Drame romantique

Genre théâtral né au début du XIXe siècle qui veut peindre le monde et l'homme dans leur totalité, en mêlant les registres (grotesque et sublime) et les genres et en se détournant des règles du théâtre classique.

Exposition

Première partie d'une pièce de théâtre où sont présentés tous les éléments nécessaires à la compréhension de l'action (personnages, lieux, intrigues...).

Farce

Toute courte pièce d'un comique bas et grossier. Certains procédés farcesques peuvent être repris dans des pièces plus complexes.

Fatalité

Destin auquel le héros dramatique est condamné par une puissance supérieure, les dieux dans la tragédie classique, et contre lequel il ne peut pas lutter.

Mélodrame

Drame populaire du XIXe siècle cherchant à susciter des émotions violentes chez le spectateur, caractérisé par des situations complexes, des personnages stéréotypés et une recherche du pathétique.

Mise en scène

Ensemble des dispositions visant à régler la représentation de la pièce (jeu des comédiens, mouvements, décors...).

Monologue

Discours prononcé dans une pièce de théâtre par un personnage seul (ou qui croit l'être).

Nœud dramatique

Événements qui portent l'action à son plus haut degré de tension. Il est généralement résolu au dernier acte.

Pathétique

Tonalité propre à exciter des émotions intenses chez le spectateur telles que la douleur ou la pitié.

Péripétie

Événement imprévu qui renverse le cours de l'action. Elle est, en principe, réversible contrairement au coup de théâtre.

Pitié

Selon Aristote, sentiment de compassion vis-à-vis de la douleur d'autrui, qui, avec la terreur, doit être suscité chez le spectateur qui assiste à une tragédie classique.

Quiproquo

Méprise, généralement comique, qui fait qu'une personne ou une chose est prise pour une autre, et situation qui en découle.

Représentation théâtrale

Action de donner un spectacle de théâtre devant un public.

Stichomythie

Succession de courtes répliques (un vers ou un hémistiche) entre deux personnages.

Tirade

Longue réplique qu'un personnage adresse d'un trait à un interlocuteur.

Tragédie

Pièce de théâtre en vers, codifiée au XVIIe siècle, mettant en scène des événements funestes arrivés à de grands personnages et dont le dénouement est malheureux.

Tragicomédie

Pièce à sujet romanesque, qui met en scène des personnages de rang élevé, où se mêlent divers tons (tragique, pathétique et parfois comique) et dont le dénouement est généralement heureux.

Tragique

Tonalité dérivée de la tragédie qui se rapporte à une situation insoluble dans laquelle un héros est broyé par des forces qui le dépassent et n'a pas d'autre issue que la mort.

Unités (règle des trois)

Règle du théâtre classique qui impose que l'action évite les intrigues secondaires (unité d'action), soit restreinte à vingt-quatre heures (unité de temps) et se déroule en un seul lieu (unité de lieu).

Vaudeville

Aussi appelé « théâtre de boulevard ». Comédies d'intrigue, aux scénarios simplistes et stéréotypés, brodant souvent autour du thème de l'adultère et privilégiant des effets comiques appuyés.

Vraisemblance

Règle du théâtre classique qui impose que tout ce qui compose la pièce soit vraisemblable. Il ne s'agit pas de montrer le vrai mais ce que le spectateur est prêt à accepter comme vrai.

Définitions extraites de *A à Z Littérature*, © Hatier, 2011

Table des illustrations

En 2ᵉ de couverture

- Anonyme, Louis XIV en Apollon pour *Le Ballet royal de la Nuit*, vers 1653. Dessin, Paris, Bibliothèque nationale de France (BnF)

Dans l'ouvrage

- Page 2 et pages 13, 165, 193 *Le Malade imaginaire* de Molière (XIXᵉ siècle), gravure des imprimeries Moine et Falconer, Paris. Coll. Archives Hatier
- Page 6 Portrait de Molière, gravure extraite de « The Pictorial History of the World », The National Publishing Co., Philadelphia, 1878
- Page 7 Page de titre de l'édition du *Malade imaginaire* de 1673, Paris, Bibliothèque nationale de France (BnF)
- Page 8 Hyacinthe Rigaud (1659-1743), *Portrait de Louis XIV*, 1701. Huile sur toile, Paris, musée du Louvre. Coll. Photothèque Hachette
- Page 16 Illustration de Maurice Leloir, 1896, Émile Testard éditeur. Coll. Archives Hatier
- Page 28 Illustration de Maurice Leloir, 1896, Émile Testard éditeur. Coll. Archives Hatier
- Page 51 *Le Malade imaginaire*, gravure d'après Moreau Le Jeune, Paris, 1773. Coll. Archives Hatier
- Page 77 *Polichinelle rossé, premier intermède*, illustration de Maurice Leloir, 1896, Émile Testard éditeur. Coll. Archives Hatier
- Page 115 *Fin du second intermède*, cul de lampe de Maurice Leloir, 1896, Émile Testard éditeur. Coll. Archives Hatier
- Page 160 *Troisième intermède : défilé des médecins*, vignette de Tony Johannot, 1835, Paris, Paulin éditeur. Coll. Archives Hatier

- Pages 240-241
William Shakespeare, *Le Songe d'une nuit d'été* (vers 1596), coll. « Folio Théâtre » (n° 81), © Gallimard • Beaumarchais, *Le Mariage de Figaro* (1784), coll. « Classiques & Cie Lycée », © Hatier • Guillaume Apollinaire, *Les Mamelles de Tirésias* (1917), © 1946 Éditions du Bélier • Luigi Pirandello, *Six Personnages en quête d'auteur* (1921), coll. « Folioplus classiques » (n° 71), © Gallimard

Dans le cahier couleurs, au centre du livre

- Page I Anonyme, *Farceurs français et italiens*, 1670. Huile sur toile, 96 x 138 cm, Paris, Comédie-Française. ph © Josse / Bridgeman Images
- Page II Fauteuil utilisé par Molière lors de sa dernière représentation, février 1673, salle Richelieu, Paris, Comédie-Française. ph © C. Angelini, coll. Comédie-Française
- Page III Francesca Lattuada, mise en scène du *Ballet royal de la Nuit*, version contemporaine, pour les 250 ans de l'Opéra royal, 2020, château de Versailles. Production théâtre de Caen. ph © Philippe Delval
- Page IV Jules Chéret (1836-1932), affiche de l'opéra-bouffe *Les Brigands* composé par J. Offenbach et écrit par H. Meilhac et L. Halévy, Théâtre de la Gaîté, 1878 ph © Lebrecht Music Arts / Bridgeman Images

Conception graphique de la maquette : Studio Favre & Lhaïk ;
pour la partie texte : c-album, Jean-Baptiste Taisne et Rachel Pfleger
Mise en pages : RAY Publishing Ltd
Mise en pages cahier couleurs : Clarisse Mourain
Iconographie : Hatier Illustrations
Suivi éditorial : Caroline Blanc

Achevé d'imprimer en Espagne par Black Print
Dépôt légal 06357-0/03 - Mai 2022